TOP SECRET:
Amerikas verschwiegener Triumph

1. Auflage Februar 2009

Copyright © 2009 bei
Kopp Verlag, Pfeiferstraße 52, 72108 Rottenburg

EDV/PC-Assistenz: Dr. Tobias Stamer, Ahrensburg
Lektorat: Dr. Renate Oettinger
Umschlaggestaltung: Peter Hofstätter/Angewandte Grafik
Satz und Layout: Agentur Pegasus, Zella-Mehlis
Druck und Bindung: CPI – Clausen & Bosse, Leck

ISBN 978-3-938516-68-3

Gerne senden wir Ihnen unser Verlagsverzeichnis
Pfeiferstraße 52
72108 Rottenburg
E-Mail: info@kopp-verlag.de
Tel.: (0 74 72) 98 06-0
Fax: (0 74 72) 98 06-11

Unser Buchprogramm finden Sie auch im Internet unter:
www.kopp-verlag.de

PETER BRÜCHMANN

TOP SECRET:
Amerikas verschwiegener Triumph

Die Erbeutung der deutschen Atomwaffen 1945

Erinnerungen und Enthüllungen eines Zeitzeugen

KOPP VERLAG

INHALT

VORWORT

Dieses Buch entstand, nachdem ich über 60 Jahre lang ganz bestimmte Kriegserinnerungen mit mir herumgetragen hatte. Ich hatte vor Jahren meiner Mutter Elfriede Brüchmann versprochen, die mit den Sondereinsätzen meines Vaters verknüpften Erinnerungen zu ihren Lebzeiten nicht an die Öffentlichkeit zu bringen. Die Mutter verstarb kürzlich – über 100 Jahre alt. Ich möchte die bewahrten Berichte des Vaters und meine eigenen Erinnerungen aber jetzt (2009), unter Berufung auf das im Grundgesetz der Bundesrepublik Deutschland festgelegte Recht der freien Meinungsäußerung, endgültig vor der Vergessenheit bewahren. Dieser Zeitzeugenbericht ergibt eine klare Übereinstimmung mit allen verfügbaren, zum größten Teil seit Jahrzehnten »verschütteten« offiziellen Dokumenten, die das Thema der deutschen Forschungsbemühungen in Bezug auf eine Atombombe betreffen. Mit dieser Deckungsgleichheit haben sich die Erinnerungen an die damaligen Ereignisse als derartig authentisch erwiesen, dass ich mich entschloss, als Novum besonders auch die ingenieurtechnischen Zusammenhänge nachzuvollziehen, zu erläutern und hinzuzufügen. Erst dadurch ergeben die Konsequenzen ein logisch-realistisches, aber sicher auch bisher unerwartetes militärhistorisches Gesamtbild.

Dieses Buch entstand nicht, um die schwierigen physikalisch-mathematischen Arbeiten etwa populärwissenschaftlich zu analysieren, die seitens der Atomwissenschaftler geleistet wurden, um die Bombe zu realisieren. Meine persönlichen Erinnerungen begannen ohnehin erst, als die ersten deutschen Atombomben schon bereitlagen, und erstrecken sich ausschließlich auf die mir zugängliche Wiedergabe des damaligen Standes der Technik/Technologie. Bereits seit vielen Jahren wiederholen die Medien in willkürlichen Zeitabständen Fehldarstellungen der weltgeschichtlichen Abläufe (unbeabsichtigt mangels besserer Kenntnis oder auf Anordnung). Die aus meiner Sicht überblickbaren Zusammenhänge verdeutlichen dagegen kategorisch, dass der gesamte Kriegsverlauf von der frühen Existenz einer deutschen Atombombe geprägt worden ist. Der zunächst im festen Glauben an den Besitz dieser Bombe agierende »Führer« musste sich gegen Kriegsende dem Zeitbedarf seiner Konstrukteure für die (nur knapp verpasste) Verbesserung des Abwurfverfahrens beugen. In seinem grenzenlosen Machtbewusstsein hat er dem ihm anvertrauten deutschen Volk neben unzähligen Opfern und Verlusten auch die untilgbare Holocaust-Schuld aufgeladen. **Ich bringe erstmals den technischen Sachverhalt zur Kenntnis, der allein den Wettlauf um diese epochale deutsche Entdeckung und Entwicklung bestimmt hat.** Den Vereinigten Staaten von Amerika ist eine weltweite Geheimhaltung dieser Tatsachen gelungen. Die eifrig wiederholten Fehldarstellungen haben sich bereits manifestiert. **Dennoch sind die Beweise erhalten geblieben. Der Beitrag des** *Hamburger Abendblattes* **vom 21./22. Juni 2008 »Israel probt Angriff auf Irans Atomanlagen« legitimiert meine vorliegenden Enthüllungen unanfechtbar. Die atomare Bedrohung durch den Iran ist demnach vergleichbar mit der atomaren Bedrohung der Welt durch das Deutsche Reich 1938. Der aktuelle israelische Oppositionspolitiker und zweifellos eingeweihte Geheimnisträger Benjamin Netanjahu beurteilte die Situation im Juni 2008 im unmissverständlichen Klartext:**

»Es ist 1938 – und Iran ist Deutschland.«

Vater Wilhelm Brüchmann mit Sohn Peter auf dem Flugtag in Hamburg-Fuhlsbüttel im Sommer 1933.

EINLEITUNG

Das vorliegende Buch ist ein Erinnerungsbericht. Als Zeitzeuge habe ich die dramatische Endphase des Zweiten Weltkrieges aus einer besonderen Situation heraus miterlebt. Ich war damals 14 Jahre alt. Aus meinen eigenen Erlebnissen, aber besonders auch aus bestimmten, mir von meinem Vater verbotenerweise anvertrauten Verschlusssachen konnte ich Zusammenhänge ableiten, die noch nie publiziert worden sind. Während meiner über 40-jährigen Berufspraxis als Versuchs- und Lehringenieur in der Luftfahrt habe ich ständig an diesen Erinnerungen weitergearbeitet. Es ergaben sich zwangsläufig technisch-historische Realitäten, die sich keineswegs mit den offiziellen Darstellungen der Kriegsgeschichte decken. Es erweist sich, dass die Freigabe einer vorbereiteten Erklärung an die besiegte Bevölkerung Deutschlands vom »Erfolg« der ersten Atombombe abhängig war. Die *Allgemeine Zeitung Nr. 1* wurde von der amerikanischen Armee in deutscher Sprache an die Bevölkerung erstmals am Mittwoch, dem 8. August 1945, herausgegeben – also nur zwei Tage nach dem Abwurf auf Hiroshima. Sie stellte die Entstehungsgeschichte der Atombombe bereits so falsch dar, wie sie noch heute interpretiert wird, und wurde erst verteilt, nachdem die weltgeschichtlich erste »scharfe« Atomwaffe am 6. August 1945 ihre Wirkung gezeigt hatte, was bis dahin keineswegs sicher war. Ein amerikanisches, schon am 23. April 1945 herausgegebenes und an die Regierung der Vereinigten Staaten gerichtetes *Memorandum for the Secetary of War* mit dem Titel *Atomic Fission Bombs* wurde von der amerikanischen Atombehörde einige Jahrzehnte lang unter Verschluss gehalten (Top Secret). Die erste Seite dieses Memorandums habe ich nebenstehend in diesem Buch dokumentiert. Dabei handelt es sich um ein Dokument, das unmittelbar nach Auffindung der Bomben in Mitteldeutschland in größter Eile mit einer Büroschreibmaschine auf einfaches (etwa DIN A4 entsprechendes) Schreibpapier übertragen wurde. Die ersten zwölf Seiten enthalten einen ohne Zweifel redaktionell bearbeiteten Bericht über die den Amerikanern *plötzlich* zur Verfügung stehenden Atombomben und deren Prinzip. Es erweist sich, dass es sich dabei nicht um einen wissenschaftlichen Bericht in Bezug auf eigene Entwicklungen handeln *kann*, über deren Stand die US-Regierung doch selbstverständlich fortlaufend informiert gewesen wäre. Es handelt sich vielmehr um einen Überblick über die drei Wochen zuvor in Deutschland gemachte Kriegsbeute. *In der Übersetzung heißt es:* **Die erfolgreiche (***deutsche***!) Entwicklung der atomaren Kernspaltungsbombe wird (***in Zukunft!***) den Vereinigten Staaten eine Waffe von fürchterlicher Gewalt verschaffen, die ein entscheidender Faktor für das raschere Gewinnen des gegenwärtigen Krieges und für die Schonung ame-**

TOP SECRET

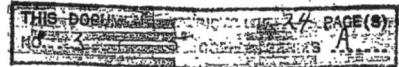

23 April 1945

MEMORANDUM FOR THE SECRETARY OF WAR

ATOMIC FISSION BOMBS

I. PURPOSE OF DEVELOPMENT

The successful development of the Atomic Fission Bomb will provide the United States with a weapon of tremendous power which should be a decisive factor in winning the present war more quickly with a saving in American lives and treasure. If the United States continues to lead in the development of atomic energy weapons, its future will be much safer and the chances of preserving world peace greatly increased.

Each bomb is estimated to have the equivalent effect of from 5,000 to 20,000 tons of TNT now, and ultimately, possibly as much as 100,000 tons.

The entire program is known as the "Manhattan District Project" and at times as either the "DSM Project" or the "Tubealloy Project".

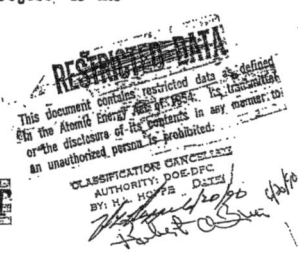

rikanischen Lebens und Besitzes sein sollte (»*should be*«). Die verschiedenen Verfahren werden kurz und prägnant erläutert – so, wie man sie aus den vorgefundenen deutschen Geheimakten in aller Eile übersetzt hat.

Der Begriff »Manhattan Project« wird abgeleitet von dem Kürzel MED (*Manhattan Engineer District*). Er steht heute offiziell für das *amerikanische* Atombombenprogramm des Zweiten Weltkrieges, dürfte aber mit der deutschen Planung zusammenhängen, einen »Amerikabomber« mit der Atombombe nach New York fliegen zu lassen. Die Gefahr einer den Kern von Manhattan schon 1944 reell bedrohenden Katastrophe wurde bis heute verschwiegen. Bei den Recherchen zu diesem Buch habe ich festgestellt, **dass die deutsche Führung zunächst aus gegenwärtig niemals auch nur ansatzweise in Erwägung gezogenen Gründen den Abwurf der Atombombe hinausgezögert hat. Diese unpolitische, rein *technische* Zwangslage wird vorliegend erstmals veröffentlicht.** Als man die Bombe in den letzten Kriegsmonaten schließlich dessen ungeachtet als letzten militärischen Trumpf hätte abwerfen *müssen*, wurde ein unbemerkter Start und Abflug des gerade genannten Spezialflugzeuges in Richtung Amerika durch die absolute Beherrschung des deutschen Luftraumes und die gezielte Zerstörung des Atombombers in Lechfeld von den West-Alliierten unterbunden.

I.
EIN PAAR
INFORMATIONEN VORAB

Einzelne deutsche Atombomben sind ab 1943 erprobt worden. Bei Kriegsende wurden u. a. drei einsatzbereite deutsche Atombomben von den Amerikanern erbeutet. Dieser Bericht soll die Erinnerungen eines Zeitzeugen für die Nachwelt festhalten. Es
geht darin nicht nur um die entscheidende Abfolge
der militärhistorischen Zusammenhänge, die sich
unmittelbar vor und nach dem Kriegsende noch mithilfe unzensierter Daten bestätigen ließen, sondern
auch um **die Klarstellung der in Deutschland bei
Kriegsende wirklich *verfügbaren* Hochtechnologiewaffen,** d. h. weniger um alle möglichen darüber hinaus geplanten und experimentellen Entwicklungen von brisanteren und weniger großen Systemen bis hin zur heute weltweit gefürchteten »Kofferbombe«, die bereits in zahlreichen Abhandlungen
erläutert worden sind.
Mit meinen Erinnerungen und Schlussfolgerungen
möchte ich vor allem auch die beachtenswerten Bemühungen der Autoren Edgar Mayer und Thomas
Mehner zur Aufdeckung dieser Geheimnisse, die
Arbeiten des Autors Ulrich Brunzel, aber auch des
Autors Dr. Rainer Karlsch (*Hitlers Bombe*) unterstützen, die alle mehrere Bücher zum Thema verfasst

haben, sich dabei aber im Wesentlichen auf Zuschriften, Vermutungen und Spekulationen von sach-unkundigen, technologiefremden Zeitzeugen stützen mussten. Besonders meine Analysen der *technischen Zusammenhänge* und die Recherchen von diesbezüglich authentischen Sachverhalten erlauben die aktuelle Feststellung, dass nur wenige heute erkennbare Umstände eine Katastrophe verhindert haben. Ein Angriff auf Manhattan hätte, nach dem damals erreichten Entwicklungsstand der deutschen Luftfahrttechnik/-technologie, durchaus beispielsweise im September 1944 erfolgen können. Mit der seitens der Medien gegenwärtig üblichen, weltweit praktizierten (beabsichtigten) »Verschüttung« der Tatsachen mit politischem Müll ist ein logischer Überblick über die militärische Gesamtplanung beider Seiten inzwischen nahezu verloren gegangen. Die tatsächlichen, *ausschließlich* im Zusammenhang mit der Existenz der deutschen Atombombe verständlichen militärischen Aktionen der Amerikaner 1944/45 verdeutlichen nunmehr, worum es wirklich ging und warum dieser Krieg gnadenlos bis zur totalen Niederlage Deutschlands geführt werden *musste*.

Meine persönlichen beruflichen und familiären (Nachkriegs-) Verbindungen zu den Vereinigten Staaten ermöglichten und erlauben mir bis in die Gegenwart, ganz spezielle Recherchen anzustellen, deren Ergebnisse sich praktisch nahtlos mit den ganz frühen amerikanischen Presseinformationen (1945), mit den Kontakten meines Vaters, mit den Hinweisen deutscher Flaksoldaten sowie mit meinen eigenen Kriegserinnerungen in den Hamburger Innenstadt- bzw. Außenbezirken, in Schleswig-Holstein, Niedersachsen und Bayern decken. Ich möchte noch voranstellen, dass ich zu bestimmten Risiken, die mit der Zündung von nuklearen »Waffen« in der freien Atmosphäre grundsätzlich verbunden sind, unter anderem im Rahmen meiner im Folgenden genannten Bücher sowie im Internet Stellung genommen habe:

Titel *Mars und Erde, Katastrophenplaneten* (ISBN-10 3-8334-4053-8) und *Warum die Dinosaurier starben* (ISBN-3-8311-4213-0) sowie *www.peter-bruechmann.de*

Das jahrelang geheimgehaltene, ebenfalls amerikanische Dokument »IGNITION OF THE ATMOSPHERE WITH NUCLEAR BOMBS« vom 28. März 1946 (Edward Teller), das unter FSS-16 bzw. CIC-14 erst am 1. August 1996 gemäß PUBLICITY RELEASED freigegeben wurde (siehe Bibliographie Seite 166), erfasst die unwahrscheinliche, jedoch grundsätzlich bestehende Gefahr eines Atmosphärenbrandes. Ich bewahre darüber hinausgehende Kenntnisse über Verfahrenstechniken, die eine Kettenreaktion in der irdischen Lufthülle auslösen könnten.

2.
DAS PRINZIP DER ERSTEN URANBOMBE (»ATOMBOMBE«)

Der eigentliche Erinnerungsbericht wurde ergänzt durch mehrjährige Recherchen, Auswertungen und ingenieurtechnische Ermittlungen der Atombomben*funktion*. Die anschließenden technischen Erläuterungen werden besser verständlich, wenn man das inzwischen »für jedermann zugängliche« Grundprinzip der ersten (deutschen!) Atombombe betrachtet. Dazu ist die digital aufbereitete Skizze heranzuziehen, in der ich auf drei bisher kaum bekannt gemachte technische Details verweise. Diese beziehen sich auf einen Fallschirmbehälter (Pos. A), auf die bei B gezeichneten Verwirbelungsbleche und auf die beiden außen am Gehäuse liegenden, vom Luftdruck abhängigen Steuerungssysteme (bei Pos. B und C) für den Fallschirmausstoß und für die Zündung.

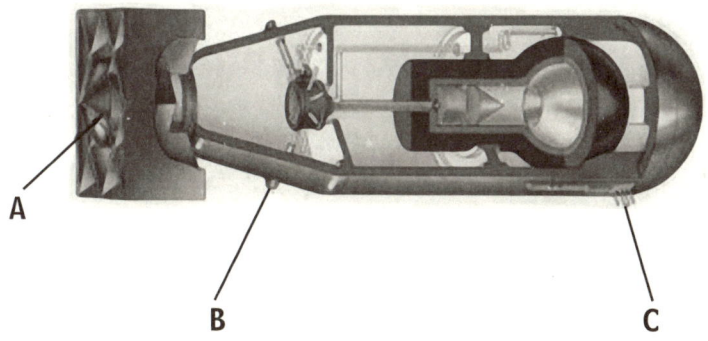

A

B   C

Das Prinzip der ersten Uranbomben: Eine Reaktion (Explosion) erfolgte nur, wenn zwei »unterkritische« Teile des Uran-Isotops U 235 in größtmöglicher Reinheit zusammengebracht wurden. Nach dem (mechanisch-körperlichen) Zusammenfügen dieser beiden genau aneinanderpassenden Mengenanteile war die »Kritische Masse« erreicht. Solange also diese Masse in zwei vorerst voneinander getrennte Einzelmengen zerlegt blieb, erfolgte keine Reaktion. In der Darstellung verhält sich das kugelförmige, kegelförmig ausgebohrte Hauptvolumen der U-235-Masse infolge der nach links auf Abstand positionierten, kegelförmigen Restmenge noch »unterkritisch«. Eine unbeabsichtigte Bewegung wurde durch eine Mechanik (nicht dargestellt) blockiert. Die Entschärfung erfolgte z. B. an Bord eines Trägerflugzeuges. Die Bombe wurde anschließend aus großer Höhe abgeworfen und explodierte luftdruckgesteuert erst in einer genauen, »barometrischen« Höhe über dem Ziel. Die Konsequenz, dass dem abwerfenden Flugzeug eine ausreichende »Fluchtzeit« ermöglicht werden musste, blieb bisher unerwähnt, weil sie gar nicht bekannt war. Die kegelförmige Restmenge der »Kritischen Masse« wurde im Moment der Zündung mit einer konventionellen Treibladung durch einen Präzisionszylinder (»Kanonenrohr«) in die Aussparung der Hauptkugel geschossen. Die komplette Menge Uran 235 wog dann 50 Kilogramm. Sie explodierte sofort durch Auslösung einer Kettenreaktion, die in einem Sekundenbruchteil ablief. Eine völlige Entschärfung im Sinne einer Unbrauchbarmachung am Boden wäre durch die Entfernung der kegelförmigen Restmenge möglich gewesen, sodass die Schaffung einer Kritischen Masse nicht mehr erfolgen konnte. Das allerdings hätte einen stundenlangen Mechanikereinsatz erfordert. Das Bombengehäuse um die zündfähige Urankugel einschließlich Neutronenreflektor hätte demontiert werden müssen, um an die Zündanlage heranzukommen. Inwieweit außer der Stahlblechhülle eine entsprechend schwere Bleiummantelung verwendet wurde, dürfte sich kaum noch verbindlich feststellen lassen. Die drei ersten Atombomben waren ohnehin Unikate, die zudem durch Explosion zerstört wurden. Der angebliche Abwurf einer völlig anders gestalteten Plutoniumbombe auf Nagasaki dürfte seitens der US-Verantwortlichen lanciert worden sein, um die Welt von einem eigenen *»Knowhow«* zu überzeugen. Der heute gezeigte »Fat Man« ist natürlich eine Attrappe.

Funktionsversuche waren Voraussetzung für den Ausschluss eines etwaigen »Blindgängers«. Die zwei sensiblen, unabhängig voneinander arbeitenden, vom Luftdruck abhängigen Schaltsysteme stellten erstens die Fluchtzeit für das abwerfende Flugzeug und zweitens die Explosion der Bombe in einer bestimmten Höhe über dem Ziel sicher. Diese Steuerfunktionen konnten seitens der Amerikaner nur in einer schnellstens angefertigten (kugel- oder zylinderförmigen) Vakuumkammer an der kompletten Bombe nachvollzogen werden. Verschiedene autorenseitige Vermutungen, dass es seitens der Amerikaner nur der Bereitstellung (Erbeutung) der erforderlichen spaltfähigen Materialmenge bedurft hätte, um sozusagen innerhalb von Tagen eine funktionsfähige Atombombe zu realisieren, kann ich nicht teilen. Einem raschen Einbau der erbeuteten, schon fertig gestalteten spaltbaren Massenteile in eine amerikanische Bombe standen vor allem die unterschiedlichen Maßsysteme (zöllig und metrisch) entgegen. Nach amerikanischen Darstellungen transportierte der Kreuzer *Indianapolis* die Bombengehäuse am 26. Juli 1945 auf die Japan vorgelagerte Insel Tinian. Die 50 Kilogramm schweren »Kritischen Massen« wurden getrennt eingeflogen.

Ein nachfolgendes, unscharfes Foto der *US Air Force* zeigt die Ver- oder Entladung einer (nach allen Ermittlungen) deutschen Beutebombe, die hier auf provisorischen Holzpaletten liegt, die noch nicht einmal vom (angeblich enormen) Gewicht verformt wurden. Unter Berücksichtigung der Kritischen Masse (50 Kilogramm) sowie des Neutronenreflektors, des Zünders, des Fallschirms und des Blechgehäuses dürfte die komplette Bombe tatsächlich nur wenige hundert Kilogramm gewogen haben.

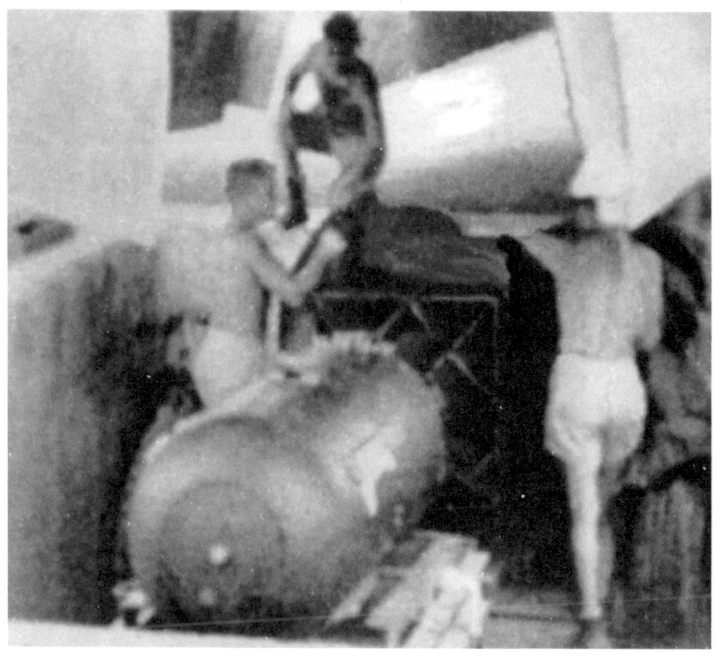

3.
EIN ERINNERUNGSBERICHT

Mein Vater war Wehrmachtsbeamter im Hauptmannsrang. Zu seinen Aufgaben gehörten die fortwährende Erfassung von Zwangsarbeitern aus den besetzten Gebieten für verschiedene Waffenerprobungsstellen sowie die Kostenerfassung. Mit der Uranbombe selbst hatte er nichts zu tun. Ich interessierte mich besonders seit der schweren Bombardierung Hamburgs 1943 unbemerkt für Vaters Sonderaufgaben. Um mich vor Jungvolk-Hilfseinsätzen in Hamburg (mit Leichenbergen) zu bewahren, nahm er mich u.a. mit zu einem südlich des Truppenübungsplatzes Munsterlager/Fallingbostel gelegenen Betrieb nördlich von Celle. Dort **wurde an Fallschirmen, u.a. für neue »Siegeswaffen«, gearbeitet.** Mir ist inzwischen weder die genaue Örtlichkeit noch irgendein Firmenname in Erinnerung. Ich war mit ihm danach auf zwei verschiedenen Erprobungsplätzen der Luftwaffe persönlicher Zeuge bei Abwürfen von speziellen Bombenattrappen. Er erklärte mir schon damals (!), dass diese Bomben am Fallschirm hängend explodieren müssten. Seine Bleistiftskizzen ähnelten einer normalen Sprengbombe, allerdings mit einem auffallend großen Leitwerk. Sie sahen nicht so aus, wie die beispielsweise aus der Ju 52 ebenfalls am Fallschirm abgeworfenen Versorgungsbomben. An dieser Stelle komme ich auf den auf Seite 19 markierten Heckkegel (Zeichnung Pos. A) zwischen den Leitwerksflächen zu sprechen, der dieses Fallschirmsystem enthielt. Die lediglich blechverkleideten, möglicherweise im Uranbereich mit Blei ummantelten, aber ansonsten eher leichten ersten Uranbomben mussten zunächst im freien Fall

Vater Wilhelm Brüchmann während des Krieges in einer Besprechungspause auf einem Waffenerprobungsplatz.

vermittels des großen Leitwerks aerodynamisch in die Fallrichtung gesteuert werden, bis der Heckkegel hinten/oben lag. Dann erfolgte der Fallschirmausstoß. Die bei 50 Kilogramm liegende Kritische Masse des Urans hat als Kugel einen rechnerischen Durchmesser von gerade einmal 17,2 Zentimetern (Seite 69!). Insgesamt war auch die »Dicke« der neuen Uranbombe gegenüber den Stahlsplitter erzeugenden Sprengbomben überraschend gering (geschätzt ca. ein Meter, siehe Bilder Seite 22/23).

Der Verfasser Peter Brüchmann 1944 im Alter von 13 Jahren beim Beobachten amerikanischer Bomber (die Bildqualität ist kriegs- und altersbedingt mangelhaft).

Ich selbst bin Augenzeuge einer »scharfen«
Versuchsexplosion gewesen, die ich aus der Erinnerung an dieser Stelle beschreiben möchte. Ich stand
kurz vor meinem 13. Geburtstag und wurde schon
auf eine spätere Luftwaffenlaufbahn vorbereitet –
mit 14 würde ich im »Schulgleiter SG38« meine Se-
gelflug-A-Prüfung ablegen können. In unserem Flie-
ger-Jungzug wurde die Vor-Ausbildung sogar noch
so kurz vor dem sich nähernden Kriegsende sehr
aktiv betrieben. So weit ich mich erinnere, war die
»Uranbombe« bis zum endgültigen Kriegsende (hinter »vorgehaltener Hand«) innerhalb unserer gesamten »Heimatfront« dabei stets *das* Gesprächsthema
Nummer eins. Wir fuhren selbst damals noch, oft
privat organisiert, in verschiedene Segelfliegerlager,
sofern es der Schulunterricht erlaubte. Dort vermit-
telte man uns Jungs u. a. auch die Handhabung der
»Panzerfaust«. Anfang August des Jahres 1944 beobachtete ich mit mehreren Jungvolk- bzw. Schul-
kameraden vom Segelfliegergelände beim Truppen-
übungsplatz Putlos (an der Ostseeküste bei Heiligenhafen) die fast täglich über Schleswig-Holstein und
über die Ostsee in Richtung Berlin oder Mitteldeutschland fliegenden, riesigen amerikanischen
B17- oder B24-Bomber-Pulks. Sie flogen wegen der
kaum noch zu befürchtenden deutschen Abwehr
inzwischen in einer geringen Höhe, in der die Besatzungen keine Sauerstoffgeräte anzulegen brauchten.
Markant und bis heute unvergessen bleibt das tiefe
Grollen der zahlreichen Motoren, das wir zu Hause

häufig an Mutters Klavier nachvollzogen: Wir traten das sogenannte Forte-Pedal, mit dem die Dämpfung aufhebbar ist, hauten alle Tasten der tiefen Töne (ganz links) gleichzeitig nieder und hielten sie gedrückt. Der Nachhall nach dem ersten Anschlag ebbte erst nach etwa 20 bis 30 Sekunden ab. Er entspricht – noch heute von jedermann reproduzierbar – genau dem gewaltigen, nie wieder zu hörenden Gleichklang von Hunderten von Flugmotoren. Die Bomber hatten am besagten, sonnigen Tag gerade das nördliche Schleswig-Holstein überquert und zogen an der Insel Fehmarn vorbei gemächlich in Richtung Rügen-Hiddensee. Der Horizont verschwamm im Dunst. Plötzlich sahen wir im Nordosten, hinter den Bombern, über der Ostsee zwei starke weiße Kondensstreifen parallel und nahezu senkrecht in den blauen Himmel steigen. »Raketen!«, lautete unser korrekter Befund. Sie stiegen mit großer Geschwindigkeit, hatten aber mit dem sich bereits entfernenden Bomberstrom offenbar nichts zu tun. Die Flugzeuge bewegten sich etwa 30 Kilometer von uns entfernt wie auf dem Exerzierplatz unbeirrt weiter. Als die Raketen, die von See aus abgeschossen worden sein müssen, schätzungsweise 8000 bis 10 000 Meter Höhe erreicht hatten, sahen wir außerordentlich rasche, von rechts und den Bombern entgegenkommende dunkle Wellen quer durch die beiden Streifen laufen, die sich wie bei einem in eine ruhige Wasseroberfläche geworfenen Stein ausbreiteten. Heutzutage ist allgemein bekannt, dass die Ausbrei-

tung von Schockwellen in der Luft tatsächlich mit
bloßem Auge beobachtet und z. B. auch fotografiert
werden kann. Die Raketen waren ohne Zweifel ab-
gefeuert worden, um genau diese Schockwellen und
die Reichweite der nachlaufenden Druckwellen einer gewaltigen Explosion beobachten und vermes-
sen zu können. Da die Wellen sich nahezu horizontal bewegten, muss das Explosionszentrum entsprechend hoch über der Erd- bzw. Meeresoberfläche
gelegen haben. Die damalige Raketenbasis dürfte
meines Erachtens mit dem später in der Hohwachter
Bucht gelegenen Flakstützpunkt identisch sein, der
nach dem Krieg als amerikanischer (!) Sicherheitsbe-
reich während einiger Jahrzehnte völlig abgeschot-
tet in der britischen Besatzungszone lag. Ich habe
diese amerikanischen Aktivitäten stets im Auge be-
halten (dorthin hatten wir unseren regionalen Fami-
lienbadeplatz gelegt), habe die Lokalitäten in den
letzten Jahren nach deren Auflösung aber schließlich nicht mehr aufgesucht. Die örtliche Lage könnte
ich bei Bedarf vermitteln (GPS-Koordinaten).
Die gegenüberliegende Zeichnung verdeutlicht die
Situation aus der Erinnerung. Das beschriebene Ereignis hat sich zwischen dem 2. und 7. August 1944
zugetragen. Ich glaube, mich an einen Freitag erinnern zu können.
Ich habe den Platz im Oktober 2007 noch einmal
aufgesucht, um den Ort der Zündung wenigstens
grob nachträglich zu ermitteln. Danach ergibt sich
für den Raketenaufstieg eine Abschussposition an

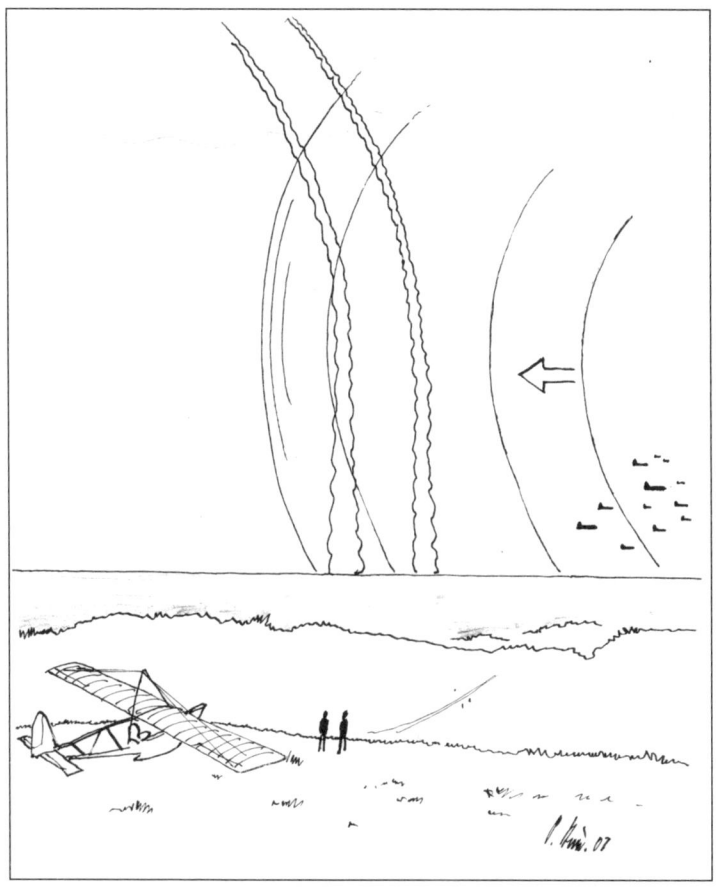

Land in der westlichen Hohwachter Bucht oder auf
der offenen Ostsee vor der Insel Fehmarn und für
die Explosion selbst eine Örtlichkeit, die entweder
über See oder über dem Festland lag. Die Richtung
lässt eindeutig Rügen, Hiddensee oder Bornholm
erkennen. Die Entfernung lässt sich nur noch schätzen. Vom Boden aus lassen sich Distanzen bis zu
etwa 200 Kilometer überblicken, wenn das beobach-

tete Objekt sich in einer Höhe befindet, die sich gerade noch über die Erdkrümmung erhebt. Ob sich die Explosion in der Luft (ggf. am Fallschirm) ereignete, ist natürlich nicht mehr nachvollziehbar, aber nach den inzwischen vollzogenen Recherchen sehr wahrscheinlich, weil die Schockwellen nahezu waagerecht herankamen. Schon damals waren wir über das Auftreten des Überschalls grundsätzlich im Bilde, weil es praktisch zum Tagesgespräch gehörte, dass man die nahezu senkrecht ins Ziel stürzende V2 vor dem Einschlag nicht hörte, denn sie war schneller als der Schall und eilte diesem voraus. Wir hörten auch während unserer geschilderten Beobachtung erst nach einiger Zeit (Minuten?) aus der Ferne einen ungeheuerlichen Donnerschlag, der das tiefe, sich schon entfernende Bomberdröhnen übertönte. Wir konnten deutlich beobachten, dass sich die »Kondensstreifen« der beiden Raketen während des Durchlaufens der Schockwellen nicht veränderten. Von einer auch unseren Standort etwa erreichenden, den Schallwellen nachlaufenden *Druckwelle* war nichts zu bemerken. Der Druck war über die Entfernung längst abgebaut worden. Auf eine etwa hinter dem Horizont in östlicher Richtung aufflammende Helligkeit, die zuerst hätte bemerkt werden müssen, hatten wir nicht geachtet. Hätte sie nicht vielleicht das Tageslicht überstrahlen müssen? Wir beobachteten ja die weiter links gerade aufgestiegenen Raketen. Die in südöstlicher Richtung, also rechts weiterziehenden Bomber zeigten sich sozusagen unbeein-

druckt und entschwanden allmählich im Dunst des
Horizonts.

Bei der Analyse des beobachteten Ereignisses nach
heutigem Erkenntnisstand ist als Ursache zunächst
der immerhin mögliche Start einer großen Versuchs-
rakete von Peenemünde in Erwägung zu ziehen. Die
Rakete hätte beim Erreichen einer bestimmten Höhe
»über Grund« die Schallmauer durchbrochen und
eine Schockwelle erzeugt. Die Erfahrungen mit den
Nachkriegserprobungen von Überschallflugzeugen
widersprechen aber der beobachteten konzentri-
schen Ausbreitung der Wellen. Die von einem die
Schallgrenze durchbrechenden Flugzeug (Rakete)
ausgehenden Schockwellen sind bei seitlicher Be-
trachtung pfeilförmig (räumlich betrachtet kegelförmig) gestaltet. Wir hätten bei der gebotenen Entfernung von ca. 180 Kilometern bis Peenemünde von
unserem Beobachtungsstandort aus senkrechte, li-
neare Schockwellen sehen müssen und keine deutlich konzentrisch gekrümmten. Eine ähnliche
**Schockwellenbeobachtung wurde später übrigens
auch in dem amerikanischen Originalbericht über
den Angriff auf Hiroshima ausdrücklich erwähnt
(Seite 99 dieses Buches)!** Schließt man also einen
Raketenstart aus, dann bestätigt sich die Explosion
eines außergewöhnlich starken Objektes: Man hat
eine Atombombe über See gezündet, um deren Luftdruckwirkung auf anfliegende Bomberpulks zu ermitteln, musste aber feststellen, dass die Luftdruck-
welle sich über größere Entfernung zu rasch abbaut.

Die Bomber kamen (zufällig?) nicht nahe genug an die vorbereitete Explosionsstelle heran oder das von mir inzwischen vermutete, mit der Bombe anfliegende einzelne deutsche Flugzeug warf diese zu früh ab. Der typische »Atompilz« hätte sich bei einer Zündung in größerer Höhe ohnehin nicht gebildet. Die entstandene Wolke ist auch von den Bomberbesatzungen nicht beachtet, weil nicht erwartet worden. Über See und bei Wind dürfte sie sich anschließend unbemerkt zerstreut haben. Ohne Bodenkontakt (mit Fallout) entstand auch keine nachweisbare Langzeit-Radioaktivität.

4.
DIE DEUTSCHE URANBOMBE

Mein Vater war stets mit militärischen Verschlusssachen von höchster Geheimhaltung betraut. Dennoch sickerte innerhalb unserer Familie einiges über
seine Einsatzorte durch. Ich wiederhole noch einmal, dass es in sein Ressort gehörte, den Fremd-
arbeiterbedarf für zum Teil weit voneinander entfernt liegende, verborgene Rüstungs- und Erpro-
bungsanlagen zu steuern und finanziell zu verwal-
ten. Unmittelbar vor Kriegsende sind nach seinen
eigenen Angaben alle persönlichen Daten zu Ein-
satzorten und Sonderaufgaben vernichtet worden.
Ich war öfters Ohrenzeuge, wenn er anlässlich von
Urlaubsterminen mit vermutlich ebenfalls verpflich-
teten Flakoffizieren über Russland, z.B. Kiew (jetzt
Ukraine), aber auch über einige geheime Orte im
Reichsgebiet sprach. Nicht vergessen habe ich die
mit Thüringen in Verbindung stehenden Namen
Kienberg und Eulenberg sowie ein Lager bei Ohrdruf und ein Lager S3, aus denen Häftlinge für Ex-
perimente rekrutiert wurden. Genau hieraus dürfte
sich die erwähnte Forderung meiner Mutter herlei-
ten, zu ihren Lebzeiten nichts darüber zu berichten.
Unsere Siedlung in Hamburg-Volksdorf war zwischen 1934 und 1936 hauptsächlich für Beamte im
militärischen Dienst, für freigestellte Wissenschaft-

ler und Leitende Angestellte der Rüstungsindustrie sowie für Lehrer errichtet worden, wobei kinderreiche Familien (vier und mehr Kinder) zusätzlich begünstigt wurden. Es war zwar keine politische Orientierung Voraussetzung, aber man ging davon aus, dass sich alle Anwohner ohne Einspruch den Entscheidungen der damaligen Reichsleitung fügen würden. Eine dieser Maßnahmen bestand u. a. darin, dass direkt neben der Siedlung die Anlage einer der größten Flak-Schlüsselstellungen (zwölf Kanonen) des Luftverteidigungsringes um Hamburg in kaufzunehmen war. Wie eng die Frauen und Kinder an der sogenannten Heimatfront in diese militärische Struktur eingebunden waren, mag daraus hervorgehen, dass uns die Leitstelle der Flak mit den Informationskabeln des Batterie-Drahtfunks versorgte, über den wir die militärisch-internen Luftlagemeldungen bezogen, um uns selbstständig in Sicherheit bringen zu können. Die auf drei große landwirtschaftliche Koppeln verteilten acht, später zwölf schweren Flak-Geschütze (Flak = Flieger-Abwehr-Kanonen) wurden in unmittelbarer Nähe, praktisch *in* der zudem kinderreichen Siedlung rücksichtslos eingesetzt. Ich kann die Feststellung meines Vaters nicht vergessen, der dazu sagte: »**Obwohl wir sie nicht angegriffen haben, zerstören die Amerikaner mit einem militärisch derartig überproportionierten Bombereinsatz unser ziviles Hinterland, weil sie den Abwurf unserer Uranbombe verhindern wollen.**« Das war im Spätsommer 1944, bereits *nach* der Invasion der

Alliierten, aber noch *vor* den gerade beschriebenen
eigenen Beobachtungen. Als »großer Junge« habe
ich schon damals die mir zugänglichen Zusammenhänge folgerichtig überblickt und unter der Last der
Erinnerungen bis heute gespeichert. Ich kann eine
weitere Aussage noch nach über 60 Jahren deshalb
praktisch wörtlich wiedergeben, weil auch sie mich
nicht mehr losließ. Ein ebenfalls im Offiziersrang
stehender Nachbar sprach sehr geheimnisvoll über
eine Anlage in Norwegen, wo »schweres Wasser«
hergestellt würde. Ich habe diesen Begriff viele Jahre
nicht verstanden. Dann sagte er zu meinem Vater:
»Willi, du weißt selbst, wenn wir die Uranbombe
abgeworfen kriegen, dann müssen die Amerikaner
aufgeben. Und dann gibt auch der Russe auf.«
**Mein Vater Wilhelm Brüchmann wusste stets, dass
und wo die Arbeiten an der Atombombe stattfanden.** Als ein stets (bis heute) unbeachtet gebliebener
Sonderbeauftragter hatte er Zugang zu vielen (allen?) Örtlichkeiten dieser Art. Ich weiß noch, dass
einmal ein Päckchen von ihm vermeintlich aus der
Ukraine bei uns eintraf, das aber tatsächlich aus einem winzigen Dorf in Thüringen mit dem Namen
Gossel stammte. Er sprach auch von einem Quartier
in oder beim Tambuchshof, das er wiederholt auf-
suchte, wenn er von seinen Einsätzen, z. B. von der
Ostfront, zurückkam. Die genannten thüringischen
Flecken liegen (oder lagen) im unmittelbaren Umfeld des Jonastals. Er sagte noch im Februar 1945
wörtlich: »Man erkennt jetzt deutlich, dass die Ame-

rikaner versuchen, *vor* den Russen an die Uranbombe zu kommen. Ihre gesamte Strategie lässt erkennen, dass sie ausschließlich nach Thüringen drän-
gen.« Er sagte noch etwas ganz Entscheidendes,
das die wohl einmalige, wirklich dramatische Situation kennzeichnet und seine Sachkenntnis
praktisch bestätigt: »Wenn sie *(die deutschen Spezialisten)* die Bomben nicht innerhalb der nächsten Wochen einsetzen, dann dürfte es für eine Unbrauchbarmachung (vergleiche Seite 21!) zu spät
sein und die Russen oder die Amerikaner kriegen
sie einsatzfähig in die Hände.« Genau, weil dieser
Einsatz bis Anfang April 1945 seitens der Wehrmacht bzw. SS tatsächlich immer noch geplant war,
wurde die Demontage der komplizierten Zündvor-
richtung offensichtlich *zu* lange hinausgeschoben.
Bald nach diesem Gespräch ließ sich die Absicht der
Amerikaner bestätigen. Die letzten deutschen
Wehrmachtberichte decken sich praktisch, obwohl
sicher unbeabsichtigt, mit den Aussagen meines
Vaters, nämlich dass es ausschließlich um die bereits damals unter der Hand so genannte *Manhat-
tan-Bombe* ging. Es hat sich inzwischen als falsch
erwiesen, dass sich die USA selbst bereits Mitte
1944 der Realisation dieser »Atombombe« so weit
genähert hatten, dass ein baldiger Einsatz ein-
planbar war. Die gesamte, am 6. Juni 1944 begon-
nene anglo-amerikanische Invasion führte mit einem unglaublichen Einsatz von Flugzeugen aller
verfügbaren Typen zwar zu dem angestrebten Er-

folg, fügte letzten Endes aber besonders den (eigenen) amerikanischen Bodentruppen schwerste Verluste zu, die nur mit dem »Griff nach der deutschen Atombombe« zu rechtfertigen gewesen sind. Das heißt im Klartext, dass man sich die verlustreiche Eroberung des militärisch bereits zerschlagenen deutschen Reichsgebietes sicher erspart hätte, **wenn eine** *fertige* **amerikanische Atombombe bereits unmittelbar vor dem Einsatz gestanden hätte.** Ich komme darauf zurück.

Der geschilderte private Einblick in die damals hochgeheimen Vorgänge dürfte aus heutiger Sicht beinahe unwahrscheinlich klingen. Nach allen meinen späteren, bis in die heutige Zeit fortgeführten Recherchen erweist er sich aber als einzig logische Realität.

Amerikanische Bomberpulks beherrschten ab Mitte
1944 den gesamten europäischen Luftraum. Der ver-
wegene Angriff eines deutschen Jägers wurde mit
Vaters Leica aus dem Garten des Elternhauses fotografiert.

5.
DER RUN AUF DIE BOMBE

Infolge der Luftangriffe der amerikanischen Tagbomber, die inzwischen jeden beliebigen Punkt des
Reichsgebietes erreichten, litt die deutsche Wehrmacht, insbesondere auch die Luftwaffe, bereits gegen Ende des Jahres 1944 derartig an Treibstoffmangel, dass an eine längerfristige Weiterführung
des Krieges ohnehin nicht mehr hätte gedacht werden können. **Die amerikanische Führung sah sich
dennoch zur Durchführung der Invasion und
zum verlustreichen Eindringen in das deutsche
Kernland gezwungen, weil sie von der Einsatzbe-
reitschaft der deutschen Bombe wusste.** Im Gegensatz zu dieser in Deutschland gerüchteweise bereits in der gesamten Bevölkerung bekannten deutschen Uranbombe wurde eine **derartige amerikanische** Bombe niemals offiziell angekündigt oder hinter vorgehaltener Hand auch nur andeutungsweise
erwähnt. Es gab sie überhaupt (*noch*) nicht. **Das
Nachrichtenmagazin** *Der Spiegel* **veröffentlichte
2005 in der Ausgabe 31** *einen Titelbeitrag zum
60-jährigen Jahrestag des Atombombenabwurfes auf
Hiroshima (»Die Kräfte des Allmächtigen«, Autor
und Redakteur Klaus Wiegrefe).* Erwartungsgemäß
folgt diese Darstellung konsequent der inzwischen
manifestierten Vorstellung von einem erdrückenden

Vorsprung der amerikanischen Forschung gegenüber den deutschen Bemühungen, eine einsatzfähige Atombombe zu schaffen. Der Redakteur hat dennoch einige von ihm selbst im Zusammenhang gar nicht vermutete (erkannte) wertvolle Informationen eingestreut, die meine eigenen Kriegserinnerungen untermauern und auch die Richtigkeit meiner Schlussfolgerungen bestätigen. Allein der Hinweis auf das Motiv des Deutschen Reiches, die Tschechoslowakei schon 1939 (!) zu besetzen, um den Export von Uranerzen aus Joachimsthal zu stoppen, ist *die* Bestätigung, dass die deutsche Forschung der übrigen Welt um Jahre voraus war. **Es wird ferner der berühmte, von Albert Einstein unterschriebene Brief an den US-Präsidenten Franklin D. Roosevelt zitiert, in dem vor (deutschen!)** *extrem starken Bomben eines neuen Typs* **gewarnt wird.** Erst *danach* wurden (1943!) in New Mexico, USA, auf dem dünn besiedelten Hochplateau von Los Alamos die führenden amerikanischen Atomphysiker um Robert Oppenheimer zusammengezogen. Eine weitere, unauffällige *Spiegel*-Aussage verdeutlicht (ebenfalls unbeabsichtigt), **dass zunächst von einem (tatsächlich ja auch erst heute behaupteten) echten und bedeutenden technischen Vorsprung der amerikanischen Atombombenentwicklung nie die Rede war.** Die in Oak Ridge am Tennessee River errichtete Riesenanlage zur Gewinnung des spaltbaren Urans 235 war nachweislich nicht in der Lage, innerhalb von 1,5 Jahren (d. h. bis Mitte 1945) die erforderliche Menge für die Herstellung von zwei, geschweige denn drei Atombomben zu produzieren! Angeblich konnte lediglich die Hiroshima-Bombe als »Uranbombe« fertiggestellt werden. Die anderen beiden Atombomben seien »Plutoniumbomben« gewesen. Meine persönlichen Recherchen haben ergeben, dass gerade die dem Hiroshima-Ereignis *vorangehende* Testzündung in Alamogordo, aber auch die Nagasaki-Bombe dieser Aussage signifikant widersprechen. Alle drei damals gezündeten Bomben waren baugleich und anwendungsidentisch! **Die gesamte, heute angeblich *historisch* interpretierte Situation erweist sich in Wahrheit also als genau umgekehrt: Die deutschen Atombomben waren längst fertig, als die Amerikaner gerade begannen, das wissenschaftliche Prinzip zu verstehen. Die Anwendungs- bzw. Abwurftechnik konnten sie erst ermitteln, als sie die Beutestücke wirklich in den Händen hatten.**

Die Alliierten wussten bereits 1943 durch Spionage und Luftaufklärung, wo genau die Rüstungswerke und kriegsentscheidenden Kraftstoff erzeugenden Anlagen bombardiert werden mussten, um Deutschland zur Aufgabe zu zwingen. **Sie wussten auch ständig, dass geheime Entwicklungen stattfanden und wie weit die Deutschen tatsächlich waren: Die deutsche Atombombe war demnach Mitte 1944 abwurffertig. Ein Einsatz wurde selbst noch im ersten Vierteljahr 1945 befürchtet.** Die Sowjets waren mithilfe amerikanischer Materiallieferungen

inzwischen schneller gegen das Reichsgebiet vorgestoßen, als es den Amerikanern, Briten und Franzo-
sen unter diesen Umständen lieb sein konnte. Es
erweist sich auch beim Recherchieren der letzten
Wehrmachtsberichte, **dass der Vorstoß der Westalliierten** *ausschließlich* **die Sicherstellung der Bombe zum Ziel hatte, denn sie stießen tatsächlich mit
großer Geschwindigkeit ohne Rücksicht weit über
die in der Jalta-Konferenz vereinbarten Demar-
kationslinien hinaus.** Sämtliche Bewegungen der
amerikanischen Bodentruppen waren in der Tat auf
die geheimen Anlagen im Raum Thüringen ausge-
richtet, die ja dann auch tatsächlich mit einem gerade
eben ausreichenden Zeitvorsprung vor den sowjeti-
schen Verbänden erreicht wurden. **Es ging wirklich
um Tage, vielleicht nur um Stunden ...**
Meine Erinnerungen erlauben weiterhin, nicht zuletzt durch bereits damals aufgehobene Presseberi-
richte und Tagebuchaufzeichnungen sowie durch die
interfamiliären Berichte meines sporadisch »vorbei-
kommenden« Vaters, die Wiedergabe eines nahezu
lückenlosen Ablaufes. Nach dem Durchbruch der
Amerikaner unter General Patton durch die Vertei-
digungslinie des »Atlantikwalls« bei St. Lo, die von
1500 Flugzeugen aller Typen innerhalb weniger
Stunden auf einer Fläche von lediglich zwei Kilometern Breite und 80 Metern Tiefe mit 3400 Tonnen (!)
Bomben belegt worden war, stießen die Amerikaner
am 25. Juni 1944 ins Landesinnere vor. Die Alliierten hatten kurz zuvor planmäßig praktisch sämtli-

che Erdölraffinerien (z. B. Ploesti) und synthetischen Treibstoffwerke (z. B. Leuna) zerstört, was u. a. zu einem lähmenden Benzinmangel bei der deutschen Luftwaffe führte, die zielgenau im richtigen Moment ausgeschaltet wurde. Anschließend konnten alle Bodenbewegungen der deutschen Wehrmacht, insbesondere die dringende Nachschubversorgung der Atlantikwall-Verteidiger, von den amerikanischen Tieffliegern niedergekämpft werden. Der Stoß der Amerikaner entwickelte sich alsdann mit großer Geschwindigkeit nahezu linear in Richtung Mitteldeutschland. Die einzige noch ernst zu nehmende Verteidigungsaktion war die deutsche Ardennenoffensive im Winter 1944/45, die allerdings sehr schnell durch den Munitions- und besagten Treibstoffmangel wieder erlosch. Die Amerikaner beherrschten den Himmel. Selbst am 24. Dezember (Weihnachtsabend!) 1944 flogen die amerikanischen Flugzeuge z. B. heute unvorstellbare 5102 Einsätze gegen noch kampffähige, aber bereits unzusammenhängende deutsche Bodentruppen. Ich war im 14.ten Lebensjahr und bei uns zu Hause der einzige »Mann«. Mit großer Umsicht beruhigte ich meine Mutter und meine beiden Schwestern während der fast täglichen Aktivitäten der häufig in niedriger Höhe fliegenden amerikanischen *Flying-Fortress*-Bomberpulks. Infolge der direkt von der Flak bezogenen Drahtfunkinformationen blieb ich immer dann zur Beobachtung draußen im Garten, wenn durchgesagt wurde, dass der Anflug z. B. gegen den

Ölhafen an der Elbe oder gegen die U-Boot-Bunker gerichtet war, also nicht gegen unsere Flakbatterien. Einige hundert Flugzeuge kamen dann häufig mit bereits geöffneten Bombenklappen über uns hinweg, während ich im Rasen auf dem Rücken lag und den Zielanflug verfolgte. Die Flak schoss bei Tage nicht, wenn ein direkter Überflug in geringer Höhe erfolgte, um die Aufmerksamkeit nicht auf sich zu lenken. Trotzdem blieben auch wir im Laufe der Zeit von »Notabwürfen« im näheren Umfeld nicht verschont. Sobald die Entfernung vorbeifliegender Bomber aber etwa zehn Kilometer überschritt, wurden aus zwölf Geschützrohren zeitweise je sechs Schuss pro Minute (!) abgegeben. Auf diese Weise habe ich 1944 u. a. den Tagesangriff auf das Heereswaffenamt in Glinde bei Hamburg verfolgt, das von viermotorigen B24-*Liberator*-Bombern im Stechflug, jeweils in Sechsergruppen, sauber geordnet im Tiefflug angegriffen wurde. Der Angriff dauerte etwa 40 Minuten. Die Flugzeuge kamen dabei bis auf unter 100 Meter Höhe herunter.

Die niedrig fliegenden amerikanischen Tagbomber beschoss die Flak sehr flach, sodass vom Luftdruck der vorbeifliegenden Geschosse die Fensterscheiben und manchmal sogar die Dachpfannen der unter der Schusslinie liegenden Privathäuser zertrümmert wurden. Unsere eigene Siedlung hatte schon frühzeitig druckdichte Holzluken als Fensterschutz erhalten. Das folgende Foto lässt erkennen, dass der einzige deutsche Bedienungsmann der Kanonier an der

Zünderstellmaschine war, während die Munition von Kriegsgefangenen bewegt wurde. Bei »unserer« Doppelbatterie waren ab Mitte 1943 gefangene Russen eingesetzt, die ihre eigenen Uniformen und Stahlhelme trugen. In den Kampfpausen halfen die Russen den Hausfrauen in den anliegenden Gärten. Sie waren stets freundlich und verhielten sich politisch völlig neutral. Was mögen sie von alledem gehalten haben?

Im Frühjahr 1945 näherten sich die Engländer Hamburg von Süden. Mit ihnen kamen die Tiefflieger, die jeweils zu zweit eine fragwürdige freie Jagd auf alles, was sich im Freien bewegte, durchführten. Ein Opfer wurde auch unser Milchmann, der mit Pferd und Wagen auf offener Landstraße zusammengeschossen wurde. Sie zerstörten einen deutlich durch rote Kreuze nach oben markierten Lazarettzug zwischen

Hamburg und Ahrensburg, beschossen Schulkinder, einzelne Radfahrer und die damals stets überbelegten fahrenden Züge der Hamburger Hochbahn. Und nachts kamen die britischen Bomber und zwangen uns bis zu drei Mal nächtlich in die Luftschutzräume. Dann fuhr eine Zwei-Zentimeter-Vierlings-Flak auf einer »Krupp-Protze« häufig direkt durch unsere Siedlung und schoss im Dauerfeuer auf die im Lichtkegel der Zwei-Meter-Scheinwerfer »eingefangenen« Flugzeuge. Die tägliche Aufregung legte sich erst unmittelbar vor der Kapitulation, als Gauleiter Karl Kaufmann das zerbombte Hamburg zur »Offenen Stadt« erklärte, anstatt es als Festung mit allen Konsequenzen (wie beispielsweise Breslau u. a.) verteidigen zu lassen. In diesen Tagen sah ich dann auch ein paar Mal die von Kaltenkirchen aus operierenden deutschen »Strahlenjäger«, wie die Messerschmitt Me-262-Turbinenjäger von der Bevölkerung und bei der Flak genannt wurden. Ich habe deren neuen, aufregenden Ton bis heute noch im Ohr. Das waren damals die schnellsten Flugzeuge der Welt. *Düsenjäger* sagte man erst später. Der Ausdruck »Strahlenjäger« hätte natürlich »*Strahl*jäger« heißen müssen. Den Begriff Strahlenjäger konnte man irrtümlich mit den vertraulichen Hinweisen meines Vaters auf unzählige Strahlenopfer in Thüringen in Verbindung bringen.

Unsere Flak war bereits abgerückt. Eine Episode besonderer Art spielte sich in unmittelbarer Nachbarschaft unseres Hauses ab. Man hörte die noch

immer nicht beendeten Gefechte im Osten und Süd-
osten Hamburgs. Der Kanonendonner kam von der
Elbe merklich näher. Die Engländer hatten den Fluss
bei Geesthacht und bei Lauenburg überschritten und
bewegten sich entlang der »Alten Salzstraße« in
Richtung Mölln–Ratzeburg–Lübeck, kamen aber
doch bei Trittau dicht an das militärisch bereits auf-
gegebene Hamburg heran. Die stets zu zweit fliegenden britischen Tiefflieger Hawker *Typhoon* und
die in den allerletzten Tagen vor dem Ende auftau-
chenden ersten britischen Turbinenjäger Gloster
Meteor beherrschten den Himmel, hielten sich aber
auffallend zurück. Wir erwarteten keinen Angriff
auf Hamburg mehr. Deshalb waren alle mehr oder
weniger ratlosen Anwohner unserer »Flak-Siedlung«
furchtbar erschrocken, als in der geschilderten Situation plötzlich Panzerketten rasselten und sich mit
schwerem Dröhnen näherten. Die Frauen rannten
schreiend in die Häuser und Luftschutzkeller. Ein
Panzer wurde von der Hauptstraße direkt in unsere
Siedlung gelenkt, kam die Straße herunter und hielt
gerade zwischen unserem und dem Nachbarhaus.
Wir halbwüchsigen Knaben getrauten uns, aus der
Deckung heraus zu beobachten, dass es ein deutscher *Panther* war. Unser Nachbar Alfred L., der
zufällig mit seiner Einheit in der Nähe von Ahrensburg lag, um die Engländer zu erwarten, hatte sich
»abgesetzt« und war nach Hause gefahren. Dort lud
er allerlei Kfz-Reparaturwerkzeug aus der Schirr-
meisterei ab und fuhr den *Panther* einfach in einen

nahe gelegenen Wald. Er kam zu Fuß nach Hause, wo er sich die letzten paar Tage versteckt hielt. Er vertraute uns Jungs die Befürchtung an, dass jetzt wohl doch noch der Einsatz *der* neuen »Vergeltungswaffe« erfolgen würde. Beinahe unbegreiflich, dass sowohl unsere Soldaten als auch wir seitens der Bevölkerung selbst in dieser dramatischen Endphase bis zum letzten Tage immer noch einen Einsatz der neuen Uranbombe für möglich hielten. Ich höre noch die unermüdlichen Durchhalteparolen des Rundfunks. Offensichtlich hatte man damals selbst dort nicht erfahren, dass die berühmten »fünf Minuten vor Zwölf« bereits vorüber waren, **denn tatsächlich befanden sich die Atombomben zu *dem* Zeitpunkt bereits seit knapp vier Wochen in amerikanischer Hand.**

Der Hamburger Gauleiter Karl Kaufmann erwarb sich in meinem Erinnerungsdepot einen ehrenvollen Platz. Er hat Ende April 1945 sowohl gegen die politischen als auch gegen die militärischen Anweisungen die ohnehin schwer bombardierte alte Hansestadt zur »Offenen Stadt« erklärt, anstatt sie als sogenannte »Festung« mit allen Konsequenzen verteidigen zu lassen. Unsere Siedlung hätte im Hauptverteidigungsgürtel gelegen, der vom Volkssturm und vom Jungvolk bereits ausgeschanzt und mit Panzersperren versehen worden war. Ein 15 Jahre alter HJ-Angehöriger (»Karl-Hermann«) aus unserer Nachbarschaft schoss wenige Stunden zuvor ein britisches Militärfahrzeug per Panzerfaust ab und bekam dafür »gerade noch« das Eiserne Kreuz Zweiter Klasse.

6.
FINALE – DER PREIS
DES SIEGES

Der Übergang der Engländer über den Rhein erfolgte am 24. März 1945 bei der zerbombten Stadt Wesel, die einer Mondlandschaft glich, und von dort aus schwerpunktmäßig in Richtung Nordwestdeutschland. Die Amerikaner überquerten die letzte natürliche Barriere bei Remagen. Eine Sondereinheit wandte sich Hannover zu (Celle?).Während sich die deutschen Heeresverbände wegen Munitions- und Treibstoffmangels zu jeweils Zigtausenden in Gefangenschaft begaben (im Loire-Gebiet, im Ruhrkessel und an anderen Orten), begannen die amerikanischen Spezialverbände ihren Hauptvorstoß bzw. Endspurt auf die deutsche Atombombe. Am 27. März starteten ihre gepanzerten Fahrzeuge von Altenkirchen aus, an Bad Hersfeld südlich vorbei. Sie erreichten aber erst am 1. April die Werra. Das entspricht einer »Ausflugstrecke«, die man heutzutage im Auto innerhalb einer Stunde erreicht. Warum gab es diese heute gar nicht mehr realisierte, und wenn, dann unverständliche Verzögerung? Es gibt eine klare Antwort: Der offizielle deutsche Wehrmachtsbericht (z. B. im Rundfunk) meldete den Abschuss von 725 alliierten Panzerfahrzeugen allein im März! Die Zahlen dürften den Tatsachen entsprechen. Dieser Statistik wurde auch von amerikanischer Seite niemals widersprochen. Eine offizielle Erläuterung dieser letzten, außergewöhnlich schweren Kämpfe erfolgte im Rahmen der beiderseits schon damals angeordneten Geheimhaltung bis heute allerdings weder auf alliierter noch auf deutscher Seite. **Die logische und wahrheitsgetreue Erklärung spricht aber für sich selbst und straft sämtliche fingierten historischen Abläufe Lügen: Die weiträumig um das vom »Führer« selbst noch rasch zur Nothauptstadt erklärte** *Arnstadt* **liegenden, zum Teil heute noch verborgenen unterirdischen Entwicklungs- und Erprobungszentren der deutschen Atombombe wurden weiträumig von deutschen Elitetruppen der Wehrmacht und der Waffen-SS verteidigt.** Deren Überwindung erforderte noch einmal den vollen Einsatz der amerikanischen Bodentruppen. Die Amerikaner gewannen schließlich die Oberhand infolge ihrer erdrückenden Luftüberlegenheit. Genau am 2. April standen ihre Bodentruppen nördlich der Rhön, zwischen Werra- und Kinzigtal, durchbrachen den letzten Verteidigungsgürtel und stießen mit starker Tieffliegerunterstützung am 4. und 5. April bis Eisenach und Meiningen vor, die zwar noch immer verteidigt wurden, aber (wie alle Flankenbereiche) von den ganz zielgerichtet vorstoßenden Amerikanern praktisch unbehelligt liegengelassen wurden. Der weitere Vorstoß **am gleichen Tage** bis Gotha und Suhl wurde weder im damals immer noch täglich ausgestrahlten deutschen Rundfunk-Wehrmachtsbericht noch in den amerikanischen Tagebüchern erwähnt. Deutsche Eliteverbände verteidigten zwar die gesamte Hochtechnologiezone zäh bis zum 11. April. Die unklare Frontlinie ermöglichte aber die **gezielte Einnahme des Jonastal-Umfeldes bereits am 5. und/oder 6. April durch die amerikanischen ALSOS-Suchkommandos, denen dabei wenigstens drei fertige Atombomben in die Hände fielen.** Am 12. April waren die Amerikaner schon an Weimar vorbei bis zur Weißen Elster und das 357.te US-Inf.-Rgt. war bis Merkers und Kaiserroda vorgestoßen.

Mein Vater hatte tatsächlich nicht nur unzählige verbrannte und verstrahlte Opfer gesehen, sondern er sprach auch von unterirdischen Versuchen in bestimmten Thüringer Bergen. Ich persönlich gehe heute davon aus, **dass auf deutscher Seite eine Anzahl von Atombomben unterirdisch gezündet worden ist.** Genau diese *vor* dem Einrücken der Amerikaner gesprengten Stollen blieben meines Erachtens ausschließlich wegen der **niemals irgendwo erwähnten Verstrahlung** trotz aller technischen Möglichkeiten bis heute amtlich ungeöffnet und sind als militärische Sperrgebiete unzugänglich. Die im Februar 2006 veröffentlichten acht (erwartungsgemäß negativen!) technisch-wissenschaftlichen Radionuklid-Analysen der staatlichen PTB (Physikalisch-Technische Bundesanstalt Braunschweig) wurden bei Ohrdruf **nur anhand oberirdisch entnommener**

Bodenproben durchgeführt und lassen damit die von mir genannten unterirdischen Bereiche unberücksichtigt.

Das Deutsche Reich ist am Ende. Nur Hitler will es nicht zugeben

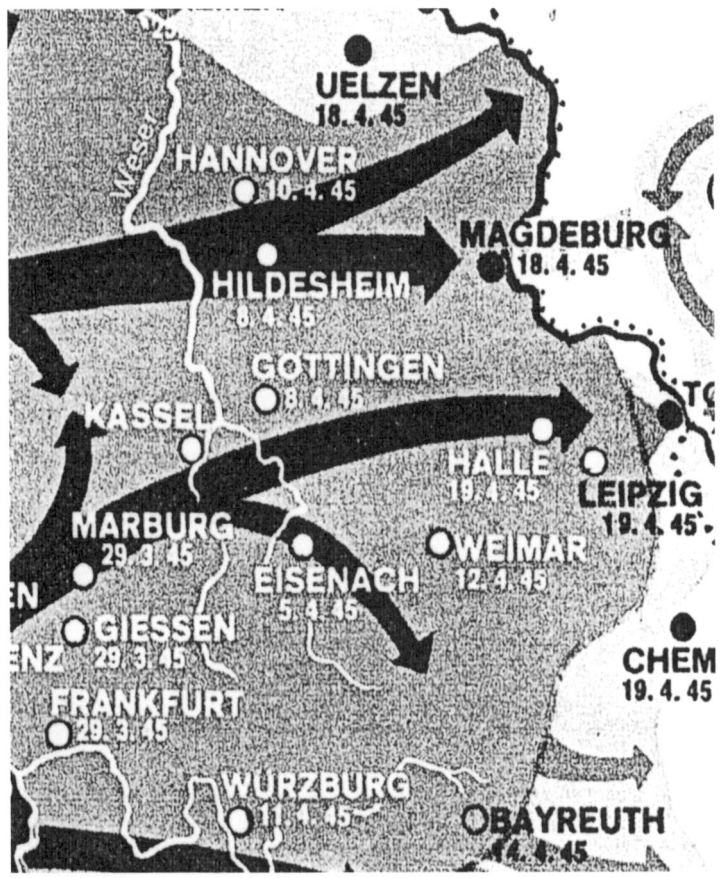

Seite 56: Ein amerikanisches Flugblatt, das noch in den letzten Kriegstagen abgeworfen wurde. Der daraus stammende Ausschnitt auf dieser Seite datiert den Vorstoß nach Eisenach auf den 5. April 1945 (Entfernung bis Ohrdruf ca. 45 Kilometer).

7.
UNTERSCHLAGENE
WELTGESCHICHTE

Es existieren neuzeitliche (vergriffene?) Dokumentationen auf Videokassetten, die beispielsweise über die letzten »Schlachten« im Norden Deutschlands informieren und u. a. die gerade erwähnte Einnahme Hannovers durch die Amerikaner dokumentieren. Diese z. B. von einer Firma Heitz und Höffkes unter der Bestellnummer H153 herausgebrachten Aufzeichnungen berichten u. a. von der Kapitulation der deutschen Armee Wenk, deren über 100 000 Mann sich bei Tangermünde in amerikanische Gefangenschaft begaben. Das war die Armee, die Berlin befreien sollte, die aber wie alle übrigen deutschen Truppenteile infolge totalen Treibstoff- und Lebensmittelmangels handlungsunfähig war. In den Aufzeichnungen wird auch eine alte Originalkarte der Frontlinien vom Ende April 1945 gezeigt, deren Darstellung aber schon damals keinerlei Hinweise auf den amerikanischen Gewaltvorstoß nach Thüringen enthielt. Diese Art Unterschlagung festigte ohne Frage die später weltweit untereinander abgesprochenen, zumeist technisch unsachlichen, aber offensichtlich in voller Überzeugung herausgegebenen Darstellungen der Medien, dass Deutschland keinerlei Ambitionen hinsichtlich einer Atombombe besaß (empfohlene Lektüre hierzu: Dieter Hoffmann [Hrsg.]: *Operation Epsilon*, 1993, ISBN 3-87134-082-0, sowie Thomas Powers: *Heisenbergs War*, d. h. *Heisenbergs Krieg*, ISBN 3-455-08479-6). Diese (und andere) Autoren, auf die sich heute praktisch **sämtliche Medien** beziehen, **mussten mangels besseren Wissens die entscheidenden Schritte zur Entwicklung der deutschen Atombombe als allgemeinen und insgesamt wertlosen Misserfolg darstellen.** Beide Werke verfolgen das gleiche Prinzip: Ermüdend gestreckte, abgehörte Gespräche zwischen den deutschen Atomwissenschaftlern, besonders im britischen Farm Hall, wohin man sie eigens zu diesem Zweck interniert hatte, werden aus allen nur möglichen Betrachtungswinkeln zitiert, kommentiert und abqualifiziert. Diese Reportagen werden ausgiebig ergänzt durch die eifrigen **Bemühungen, der deutschen Führung nachzuweisen, dass sie insgesamt so unfähig war, dass sie die brisante technische Entwicklung ohnehin nicht hätte erkennen, geschweige denn anwenden können.** Das Buch *Heisenbergs Krieg* umfasst beinahe 800 Seiten! Ungeachtet dieses Konzepts lassen sich aber selbst diesen Sammlungen Hinweise entnehmen, die beim Erschaffen der Bücher übersehen worden sind, weil die Autoren die technischen Zusammenhänge nicht recherchiert haben und wohl auch wegen mangelnder ingenieurtechnischer Ausbildung gar nicht vermuten *konnten*. Immerhin geht es um Hinweise, die trotz ihrer Kürze genau das enthalten, was die Wahr-

heit bestätigt. So wird auf Seite 401 des Werkes *Heisenbergs Krieg* ein Treffen von verantwortlichen Offizieren der amerikanischen ALSOS-Mission schon im Dezember 1943 (!) erwähnt. ALSOS unter General Lesley Groves und CIOS waren *die* Spezialorganisationen der Westalliierten, die **ausschließlich die Entdeckung und Sicherstellung (!) der ersten und einzigen Atombomben *für* Amerika zum Ziel hatten.** Howard Dix von der Technischen Abteilung der ALSOS-Mission äußerte damals unmissverständlich: **»Wir können den Krieg noch eine Minute vor zwölf verlieren.«**
General Groves war 46 Jahre alt, als man ihm eine Sonderaufgabe übertrug. Er hatte nach seiner Offiziersausbildung an der berühmten *West Point Academy* als Sergeant 16 Jahre lang militärische Schreibtischarbeiten erledigt. Über seine spezielle, persönliche Eignung für den nun folgenden »größten Job des Krieges«, dazu bestimmt, Amerika den Sieg zu bringen, sind mir keine Informationen bekannt geworden, nur seine Ernennung zum General. Am 17. September 1942 wurde die oberste Leitung der amerikanischen Atomentwicklung der Alleinverwaltung der Wissenschaftler entzogen und einem *Military Policy Committee* zugewiesen, das alsbald als *DSM Project* (*Development of Substitute Materials*), später als *Manhattan Project* bezeichnet wurde. Es ist bislang nicht aufgefallen, dass das Wort Substitute im Deutschen für Ersatz steht. Die amerikanische Regierung und die Militärbehörde sahen wegen der be-

reits damals drohenden deutschen Atombombe nur
einen Weg: ersatzweise für ein verspätetes, eigenes
Forschungsprogramm musste man versuchen, die
fertige deutsche Bombe in die Hand zu bekommen!
Mit der Durchführung dieses einmaligen militärischen Husarenstückes wurde General Groves betraut. Die amerikanische Spezialeinheit dürfte erst
beim End-Vorstoß der eigenen Bodentruppen und
der *US Air Force* zum durch Spionage bekannten
Lagerplatz der deutschen Atombomben eingeflogen
worden sein. Groves, der weder mit der Entwicklung, geschweige denn mit der Erprobung von
Atombomben irgendetwas zu tun hatte, wurde dennoch unmittelbar nach Hiroshima/Nagasaki vor der
amerikanischen Öffentlichkeit geehrt. Wegen der einige Tage später angeordneten Geheimhaltung der
deutschen Herkunft der Bomben wurde allerdings
anschließend nicht mehr von ihm geredet, um diesbezügliche Vermutungen erst gar nicht aufkommen
zu lassen. Es ist tatsächlich juristisch keine Lüge,
wenn bis heute behauptet wird, dass die amerikanischen *kämpfenden Truppen* keine Atombomben in
Deutschland gefunden haben. Beachtlich ist, dass
das vorstoßende Militär die Aufgaben der Spezial-
truppe vermutlich gar nicht kannte.
Meine persönliche Beurteilung der in die gerade zitierten Bücher lancierten Historie: Man hat absichtlich oder unwissentlich die falschen Leute vorge-
schoben; **die *eigentlichen* Akteure bleiben in beiden
Büchern und dementsprechend auch in den be-**

treffenden *Spiegel*-Beiträgen unerwähnt! Die Tatsache, dass die weiter vorn angesprochene technische Realisierung der deutschen Atombombe ab etwa 1943 längst in militärischen und in den Händen des SS-Generals Kammler lag, wurde durch die alliierte »Vorführung« aller greifbaren akademisch legitimierten Atomphysiker geschickt verschleiert. Es wurde einfach ein Ausschlussverfahren praktiziert. Die Welt hat demnach seit über 60 Jahren zu akzeptieren, **dass die Elite der deutschen, zum Teil emigrierten Kernphysiker eine Bombe als Waffe weder gewollt, noch ingenieurtechnisch hergestellt hat.** So weit entsprechen diese Aussagen auch wirklich der Wahrheit und wurden höchstwillkommen mit Eifer und Erfolg so verbreitet. Inzwischen ist die Weltöffentlichkeit davon überzeugt (worden), dass als Urheber einer deutschen Atombombe ausschließlich die in Farm Hall »vorgeführten« und ausgiebig ausgehorchten zivilen deutschen Atomwissenschaftler hätten in Erwägung gezogen werden können, die sich aber nachweislich nicht damit beschäftigt hatten. **Aber: Die *militärisch-technischen* Aktivitäten bezüglich der deutschen Atombombe blieben bis heute weltweit unerwähnt** – aus Überzeugung mangels besseren Wissens und natürlich auf Anordnung der Siegermächte.
Somit gab es keine deutsche Atombombe! (Befund der Medien.)
Es gibt demgegenüber aber auch ein freimütiges Bekenntnis eines damals weltbekannten deutschen Wis-

senschaftlers, das erstaunlicherweise den Befund der Medien bislang in keiner Weise erschüttert hat. **Die persönliche Arbeit des deutschen Professors Carl Friedrich von Weizsäcker hat die Atombombe »zutage gefördert«,** wie er sich auf Seite 44 seiner Rechtfertigungsbroschüre *Die Unschuld der Physiker?* (ISBN 3-85842-142-1) ausdrückt. Dieses Bekenntnis ist erst 1987 erschienen und wurde 1997 nochmals aufgelegt. **Von Weizsäcker hatte mit damals 27 Jahren bei Prof. Otto Hahn ab 1939 die Bombe für die Wehrmacht konstruiert (Seite 37 seiner Broschüre).** Otto Hahn hatte sich später ganz klar geäußert: »... die Toten von Hiroshima gehen auch auf mein Konto«. Es wird nicht ausgesprochen, aber auch nicht in Frage gestellt, dass genau diese, und nicht, wie behauptet, amerikanische Bomben auf Japan abgeworfen wurden. Die ganze Broschüre ist im Wortlaut sehr intellektuell und vorsichtig formuliert, dürfte aber im Wesentlichen den Zweck erfüllen, Carl Friedrich von Weizsäcker von einer zumindest moralischen Schuld zu entlasten. Sein persönliches Glück war, dass die Amerikaner den Anspruch erhoben, die Bombe ihrerseits erfunden zu haben. Auf diese Weise konnte öffentlich nicht gegen ihn vorgegangen werden, denn dann hätte Deutschland die Erfindung zugesprochen werden müssen. Sicher unbeabsichtigt und auch bisher öffentlich unbeachtet wird dieses Entlastungsgeständnis aber zum Beweisdokument, besonders deshalb, weil diesem reumütigen Rechtfertigungsdokument mit seinen eindeutigen Erklärungen weltweit kein Widerspruch entgegengebracht wurde.

Meine persönliche Beurteilung dieses wohl nicht anzuzweifelnden Eingeständnisses und des damit verbundenen Entlastungsversuches verläuft nicht so großmütig wie die völlig emotionslose Befragung durch den offiziellen Gesprächspartner von Weizsäckers, Dr. Erwin Koller, Zürich. Denn: Nicht mit der Erfindung bzw. Entdeckung der Bombe wäre Otto Hahn und von Weizsäcker nachträglich eine »Schuld« zuzuweisen, sondern mit der nicht zu bezweifelnden, sicheren Zusage (1939!) gegenüber der deutschen Führung, eine Waffe erfunden zu haben, mit der praktisch jede politische oder militärische Aktion zu erzwingen ist. Ausschließlich in diesem Machtbewusstsein wurden dann die bekannten, bis heute mit Größenwahn bewerteten deutschen Angriffe auf die betroffenen europäischen Nachbarn vorgenommen. Die damals noch gar nicht erprobte Atombombe konnte die Zusagen der Wissenschaftler nicht erfüllen, hat aber das bis heute unverständliche Drama des Zweiten Weltkrieges verursacht. **Die gesamte Weltgeschichte der letzten 80 Jahre sollte jetzt umgeschrieben werden.**

Selbst die Tatsache, dass die amerikanischen ALSOS-Sondereinheiten beispielsweise beim Einzug in das württembergische Städtchen Haigerloch eine funktionierende, d. h. **eine *arbeitende* Anlage** zur Gewinnung von spaltbarem Material vorfanden, hat die Fehlaussage nicht beeinflusst, dass auf deutscher Seite

THE OFFICER IN CHARGE of the atomic bomb pro-†ington, D. C., eyeing the target—Japan. Hiroshima,
ject—Maj. Gen. Leslie R. Groves—is shown in Wash-│important base, was the luckless city first to be hit.

Die öffentliche Ehrung des Generals Leslie R. Groves beweist, dass er mit seiner GSG-9-ähnlichen, unabhängigen Kampftruppe die deutschen Atombomben gefunden und nach Amerika gebracht hat.

keine Atombomben-Entwicklung betrieben worden sei. Die Tatsache, dass Deutschland schon seit 1938 den militärischen Einsatz einer derartigen »Waffe« beabsichtigte und dass sich zahlreiche militärische Aktionen, die heute lediglich als Eroberungsfeldzüge dargestellt werden, ausschließlich auf die Sicherstellung der diesbezüglichen Rohstoffe bezogen, bleibt einfach unerwähnt. Als Beispiele mögen die Besetzungen der damaligen Tschechoslowakei und Norwegens ausreichen. In Norwegen wurde das zur Abbremsung der freigesetzten Neutronen benötigte »schwere Wasser« hergestellt. Bei Krakau und innerhalb des deutschen Kernlandes liefen weitere Anlagen, die mit Haigerloch vergleichbar waren, wie z. B. in Berlin-Oranienburg, im bereits erwähnten Stadtilm, in Heidelberg sowie in Gottow (?, letztere Örtlichkeit bleibt in meinem Bericht unbestätigt, weil lediglich mündlich vom Vater erwähnt).

Mein amerikanischer Onkel Bruno Bielfeldt hatte nach Kriegsende 1945 diverse New Yorker Pressepapiere bewahrt, die sich jetzt in meinem Besitz befinden. Darin wurde zunächst respektvoll auf die unvorstellbar wertvolle deutsche Kriegsbeute verwiesen, bis die Presse plötzlich (noch 1945!) behauptete, dass die Physiker stets bestrebt gewesen seien, ihr eigenes Land zu sabotieren. Seither werden sämtliche damaligen deutschen Technologien, besonders auch in Deutschland selbst, mit zunehmender Geringschätzigkeit abqualifiziert.

Das Foto zeigt eines der wenigen Portraits – vielleicht das einzig verfügbare – des SS-Generals Dr. Hans Kammler, in dessen Hand die militärische Entwicklung und die Verwirklichung der deutschen Atombombe lag. Diese Aktivitäten werden durch die bis in die Gegenwart erfolgreich vorgeschobene Reportage über die Tätigkeit der damaligen, offiziell unmilitärischen, deutschen Atomwissenschaftler verschleiert. Demnach haben sämtliche staatlich-zivilen Spezialisten zwar die wissenschaftlichen Grundlagen einer Bombe erarbeitet, sich aber persönlich weder mit deren Erprobung noch mit einer etwaigen waffentechnischen Fertigung beschäftigt (siehe Informationen zu Farm Hall in: Operation Epsilon, Seite 39). Ein selbstverständlicher Vorgang: Diese Art Kompetenztrennung wird weltweit von jeder militärisch orientierten Nation vorgenommen.

Die theoretischen Grundlagen waren seitens der deutschen Wissenschaft frühzeitig bereitgestellt worden. Anschließend war die technisch unkomplizierte Uranbombe nach der Erzeugung der mengenmäßig nötigen »Kritischen Masse« problemloser herstellbar, als gegenwärtig vermutet wird. Das Bombengehäuse bestand nach meinen Ermittlungen überwiegend aus einfachen genieteten oder verschweißten Stahlblechen und keineswegs aus einer durchgehend-kompletten, dickwandigen Bleihülle, wie es heute gerne dargestellt wird. Das Bild zeigt ein Labormodell der Uranbombe in wahrer Größe. Der Durchmesser der kritischen, kugelförmigen Masse betrug bei einem idealen Reinheitsgrad (nachgerechnet!) lediglich 17,2 Zentimeter. Der Neutronenreflektor bestand augenscheinlich aus drei weiteren Schalen. Insgesamt dürfte der Außendurchmesser der Bombe lediglich bei (maximal) einem Meter gelegen haben.

Bis in die letzten Tage des Krieges wurden die amerikanischen Bomberpulks gegen die deutsche Zivilbevölkerung eingesetzt. Es ist nicht einfach, die Erinnerungen an die Flächenbombardements der Großstädte und selbst kleinerer Städte wie Lüneburg, Hildesheim oder Zerbst ohne Emotionen zu verarbeiten. Die Bomber hatten zuletzt alles derartig »plattgemacht«, dass sich der Einsatz etwaiger Atombomben politisch wie militärisch ohnehin erübrigt hätte. <u>Ich spreche als Zeitzeuge!</u> Die Ereignisse direkt nach dem Ende der Kampfhandlungen in Europa verdeutlichen, dass die Situation in Fernost vergleichbar war. Auch Japan war militärisch bereits besiegt. Der Abwurf der Atombomben auf Hiroshima und Nagasaki war dennoch als Abschluss eines dramatischen Wettlaufes und gegenüber den Sowjets als Beweis dafür, dass man »sie« tatsächlich (endlich) zur Verfügung hatte, unvermeidlich. Erst dann wurde sie zum echten politischen Druckmittel.

Kriegszerstörungen in deutschen Städten (aus: Hans Dollinger [Hrsg.]: Deutschland unter den Besatzungsmächten 1945–1949, *München 1967).*

8.
DIE SITUATION VOR
DER INFORMATIONSSPERRE

Ich bringe an dieser Stelle einige Informationen zur
Kenntnis, die unmittelbar nach dem Kriegsende in
den damals bedeutendsten amerikanischen Luftfahrt-
magazinen publiziert wurden und damals offensichtlich noch nicht voll von der Zensur erfasst worden
waren. Der erste Beitrag betraf einen Artikel des
Militärjournalisten Hanson W. Baldwin in dem qua-
si-offiziellen Organ *SKYWAYS – The Magazine of
Aircraft* vom November 1945. Er betrifft wörtlich
eine *Air-Warfare Review*, d. h. eine Rückschau auf
die Kriegsfliegerei. Baldwin bestätigte, dass die Japaner bereits vor dem Abwurf der Atombombe strate-
gisch erledigt waren. Damit wurde natürlich vor
allem auch zugegeben, dass der Abwurf der Bomben
aus militärischer Sicht unnötig war. Das zweite Dokument – vom Januar 1946 – veröffentlichte einen
bemerkenswerten *Klartext.* In dem Beitrag »Swan
Song of the Luftwaffe« (zu Deutsch: »Schwanenge-
sang der [deutschen] Luftwaffe«), gab der amerikanische Militärluftfahrt-Redakteur Lucien Zacharoff
in dem behördlich autorisierten Magazin *AIR World*
in seiner Ausgabe vom Januar 1946 bekannt, dass die
deutsche Atombombe eine Tatsache war. Der origi-
nal-amerikanische Wortlaut ist unmissverständlich:

»But let us remember that the secret of the war's most effective weapon, the atomic bomb, was shared by the Germans whose progress on it was but a scant few months behind us. Their aeronautical ingenuity, however, did not lag at all ...« Die Übersetzung beweist alles: »Aber erinnern wir uns, dass wir uns das Geheimnis der wirksamsten Waffe, der Atombombe, mit den Deutschen zu teilen haben, deren Fortschritt lediglich ein paar Monate hinter uns lag, gleichwohl standen ihre ingenieurseitigen Flugzeugentwicklungen keineswegs hinter uns zurück.« Schon in diesem quasi-amtlichen Bericht wurde der Hinweis auf die Erbeutung fertiger deutscher Bomben vermieden und jeglicher Verdacht darauf mit dem Satz unterdrückt, dass »deren Fortschritt (*sprich: militärtechnischer Einsatz*) lediglich ein paar Monate hinter uns lag« (Seite 78 und 79!). **Das erste Magazin geht zudem auf die enormen Kriegskosten ein und auf die Opfer und Materialverluste, die den USA durch den Einsatz der Atombomben gegen Japan erspart blieben. Genau diese Logik, auf die Invasion in Westeuropa angewendet, bestätigt noch einmal, dass die Amerikaner die Bombe zum Zeitpunkt des Vorstoßes ins deutsche Kernland eben *noch nicht* hatten!** Der diesbezügliche ausführliche Bericht steht ebenfalls im Magazin *SKYWAYS* vom November 1945, und zwar unter dem Titel »Surrender to Air Power«, verfasst vom amerikanischen Militärjournalisten A. R. Hager. Diese Dokumente liegen als Originale vor und sind meinem Beitrag auf den folgenden Seiten 76 bis 79 auszugsweise als Kopien beigefügt.

Alle diese damals noch unzensierten Erstinformationen werden gegenwärtig ignoriert. Ein aktuelles Beispiel für einen *unzureichenden* Beitrag hinsichtlich der »Richtigstellungen zur Zeitgeschichte« ist beispielsweise das Kapitel »Hitlers Bombe« des Journalisten Michael Winckler im Rahmen des Buches *Der große Wendig* (erschienen im Grabert-Verlag, Tübingen, ISBN 3-87847-230-7, 2. Auflage 2006). Der Beitrag beginnt mit der Feststellung, dass es keinen Beleg für eine deutsche Atombombe geben würde, da das amerikanische (!) Manhattan-Projekt einerseits dem deutschen Propaganda-Apparat andererseits entgegenstehen würde. Dieser Gewichtung widersprechen direkt die von Winckler **in Bezug auf die deutsche Hochtechnologie** journalistisch wahllos zusammengestellten »Fachausdrücke«, die da beispielsweise sind: *Plutonium- und Fusionsbomben, Hohlladungen, Sprengstoffphysikalische Anordnung zur Erzielung hoher Drücke und Temperaturen* sowie die *Hinweise auf die Bedeutung des Moderators Deuterium (schweres Wasser) in Verbindung mit einer etwaigen deutschen Wasserstoffbombe.* **Allein die *Existenz* dieser Begriffe beweist eindeutig den deutschen wissenschaftlichen Vorsprung, der 1945 unabhängig von ursprünglich gesetzten politischen Zielen errungen worden war.**

SKYWAYS

NOVEMBER 1945

THE MAGAZINE OF AIRCRAFT ★ AIR TRAVEL ★ AIR POWER

Cover by Leo Rackow   *Volume 4 Number 11*

J. FRED HENRY . . . . . Editor & Publisher

D. N. AHNSTROM . . . . Managing Editor   DOUGLAS B. McINTOSH . General Manager
ALICE ROGERS HAGER . Washington Corresp.   HARVEY WOOLHISER . . . . . . Art Director
M. LeFEVRE SMITH . Ass't Washington Corresp.   EVELYN HARVEY . . . . . . Production Editor
VICTOR BOESEN . . . . . . Staff Corresp.   STANLEY M. COOK . . Production Manager

The Henry Publishing Company publishes SKYWAYS at 444 Madison Avenue, New York 22, New York. Washington Bureau, 810 National Press Bldg., Washington 4, D. C., West Coast Office, 1093 Braxton Avenue, Los Angeles 24, California . . . Advertising Offices: 444 Madison Avenue, New York 22, N. Y., 6 N. Michigan Avenue, Chicago 2, Ill., 816 West 5th Street, Los Angeles 13, Calif. Gordon Simpson, West Coast Manager; Charles M. Hall, Chicago Manager

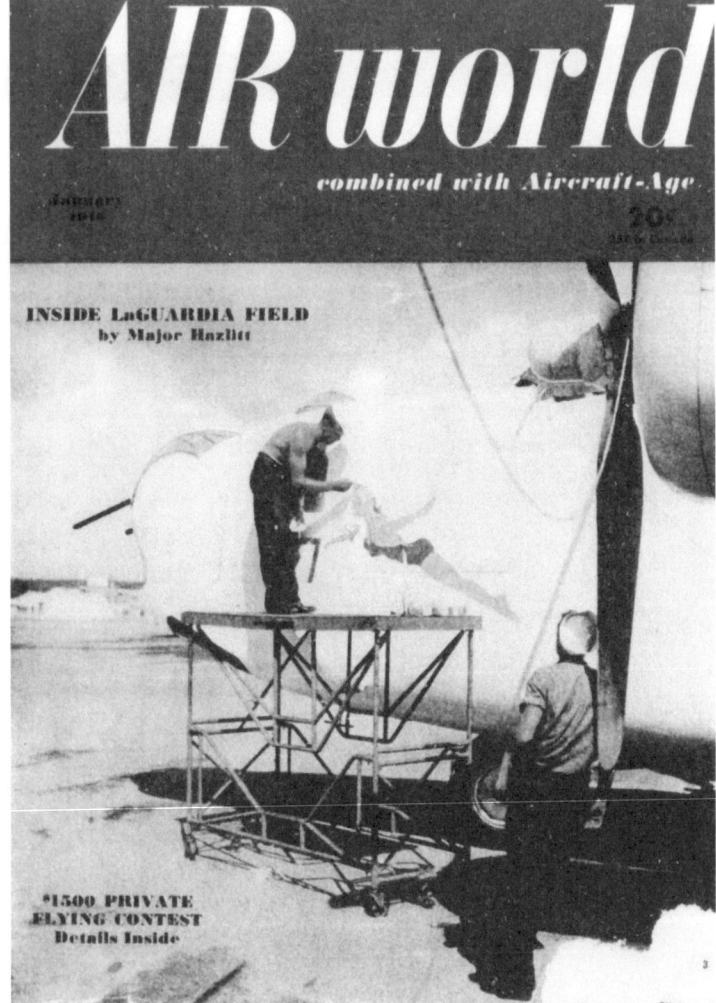

AIR world

combined with Aircraft-Age

January
1946

20¢
25¢ in Canada

INSIDE LaGUARDIA FIELD
by Major Hazlitt

**$1500 PRIVATE
FLYING CONTEST
Details Inside**

SWAN SONG
OF THE
LUFTWAFFE

How close the Nazis came to winning the war is evidenced by Luftwaffe developments just coming to light—and the verdict is 'too close for comfort'

WITH THE WAR over, the air-minded in our midst are pre-occupying themselves with peaceful aviation pursuits. Constructive and otherwise desirable as this may be, it is also fraught with incalculable danger to the future peace of the world.

Apprehension on this score was kindled in me and promptly fanned into a flame of dread during a recent visit to the little-known Freeman Field in Indiana, where the Air Technical Service Command has assembled a vast collection of enemy aircraft. Many of them are flyable and crack American war pilots put them through their paces. As advanced types of enemy jet, fighter and transport machines flashed their might, the most ignorant and indifferent spectators could not help but grasp the sickening thought of what a narrow margin of safety and superiority we and our technicians had enjoyed in the late war. In fact, the show drove home the point that many a German aircraft or accessory thereto was undisputedly superior.

Fortunately, our side prevailed in the overall outcome. Now Allied experts are busy evaluating developments in the Axis lands and adapting those that can enhance our own air power. At its newest installation, Freeman Field, A h

Yes, the circumstances combined in our favor in the final reckoning. But let us remember that the secret of the war's most effective weapon, the atomic bomb, was shared by the Germans whose progress on it was but a scant few months behind us. Their aeronautical ingenuity, however, did not lag at all as Freeman Field exhibits eloquently testify.

Ein Bericht aus dem *News Chronicle* vom 21. Februar 1946 verdeutlicht, dass der Wert der erlangten wissenschaftlichen Kriegsbeute (damals) noch gar nicht abzuschätzen war, aber er bestätigt unmissverständlich, dass genau diese Kriegsbeute entscheidend zur Niederlage Japans beigetragen hat. Diese (noch heute unaufgedeckten!) »Spitzengeheimnisse« würden, so heißt es, die Atomenergie betreffen. **Es kann sich also nur um die Atombombe gehandelt haben.** Mein Vater hatte noch von mehreren »Uranbomben« mit großem Leitwerk berichtet (Seite 55!), die im Bereich eines Thüringer Stollens auf Lkw umgeladen wurden, die sie zu einem Bahnhaltepunkt *Nasse Mühle* o. ä. transportieren sollten. Vater hatte Verbindung zu General Werner Baumbach in Flensburg-Mürwick und wusste, dass die Bomben nach Schleswig-Holstein verlegt werden sollten. Die noch kampfkräftigen deutschen Militärverbände im Norden hatten den Amerikanern angeboten, mit ihnen zusammen die »Russische Dampfwalze« abzustoppen und zurückzuwerfen. **Eine Verlegung der Bomben ist nicht mehr zustande gekommen. Die Amerikaner dürften sie im Handstreich aus einem abfahrbereiten Güterwagen geholt haben.**

Obwohl Mitteldeutschland ab 12. April 1945 praktisch frei von kampffähigen deutschen Restverbänden war, rückten die amerikanischen Sondereinheiten unverzüglich in Richtung Erzgebirge sowie *Böhmen und Mähren* weiter vor. Die New Yorker *Daily News*

vom 18. April 1945 vermeldete wörtlich: »*The U.S.
3d Army stabbed to a point four miles from the
Czecho-Slovakian border, with one or more under a
news blackout and was thought to be about 75 miles
from Russian positions on the eastern front.*« Es ist
von außerordentlicher Bedeutung, dass die Aktion
unter einer **Nachrichtensperre (*news blackout*) gegenüber den Sowjets** ablief, denn damit sollte offensichtlich sichergestellt werden, dass ALSOS alles finden konnte, was mit der Atombombe zusammen-
hing. ALSOS erreichte auch tatsächlich die deutschen Uran- bzw. Pechblendevorkommen in
Joachimsthal sowie die Gewinnungsstätten für das
Uran, z. B. bei Aue, Pilsen und Prag, noch vor den
Russen. Die am weitesten östlich gelegenen Orte
erreichte die US-Technologieaufspürgruppe schließlich mit Olmütz, Bernau und Sternberg. Auf die von
Nordosten kommenden Sowjets stießen die Amerikaner erst am 28. April – quasi »beiläufig« – bei
Torgau an der Elbe bzw. bei Meißen und nordwest-
lich von Bautzen. Gleichzeitig und wiederum noch
vor den Russen rückten sie von Thüringen aus nach
Norden und Westen, d. h. von Osten kommend (!),
in die unterirdischen V1- und V2-Fertigungsbetrie-
be und V-Waffen-Forschungsanlagen im Unterharz
ein. Es ist bemerkenswert, dass sich der Hauptstoß
der Sowjets währenddessen gegen die Reichshaupt-
stadt Berlin richtete und dass der Aussicht, den *Führer* lebend in die Hand zu bekommen, dabei absolute Priorität beigemessen wurde. Heute gibt es kaum

Zweifel, dass man seitens der Sowjets ferner glaubte, mit der Besetzung des deutschen Raketenforschungsgeländes Peenemünde sowie damit verbundener Projekte alle wichtigen deutschen Geheimprogramme *vor* den Amerikanern erbeutet zu haben. Tatsächlich wurde allerdings der gesamte Peenemünder Forschungsstab von den Amerikanern zusammen mit dem Hauptteil der Akten und Geräte an verschiedenen Auslagerungsorten in Süddeutschland aufgefunden.

Mein Vater sagte, dass er die »Funktionsprobe« einer der erbeuteten Atombomben, die am 16. Juli 1945 in Amerika erfolgte, und den Abwurf der beiden übrigen fertigen Bomben auf Japan in allergrößter Aufregung erlebt habe und **dass er froh sei, dass Deutschland sie selbst nicht mehr abwerfen konnte.** Zweifellos aus bereits auf Seite 35 angedeuteten Gründen blieb er von irgendwelchen Fahndungen verschont. Er alterte in den folgenden Jahren rapide. Bis zu seinem Tode – er wurde nur 61 Jahre alt – blieb er verschlossen. Ich halte sogar im Rückblick eine Verstrahlung seines Körpers für wahrscheinlich. Inwieweit einige ihm von der Wehrmacht zugewiesenen und stets in seinem Schrank verschlossenen und offensichtlich für unsere ganze Familie disponierten Zyankalikapseln mit seinem für uns damals dennoch überraschenden Tod in Verbindung gebracht werden können, möchte ich nicht erörtern.

9.
DER DEUTSCHE ATOMBOMBER

Es gehört unbedingt in die folgerichtige Spätanalysierung der Kriegsgeschichte, dass es bereits 1942 auf deutscher Seite eine geheime Ausschreibung für einen riesigen Fernbomber gab (Techn. Amt GL/C), an der sich Heinkel, Messerschmitt und Focke-Wulf (Tank) beteiligten. Tatsächlich ausgewählt wurde damals die Messerschmitt-Konstruktion. Ich möchte als Luftfahrtingenieur diese bereits ca. zwei Jahre vor der Fertigstellung der Atombombe einsatzbereite gewaltige Messerschmitt Me 264 – ein viermotoriges Flugzeug mit aus damaliger Sicht unglaublichen Leistungen – an dieser Stelle dringend in Erinnerung bringen, weil sie inzwischen absichtlich in Vergessenheit lanciert worden ist. Schon damals wurde von »unseren« Flak-Soldaten über den besagten Drahtfunk vom **Manhattan-Bomber** gesprochen. Einige Abbildungen des Flugzeuges existieren noch in älteren Typenbüchern, sie wurden diesem Erinnerungsbericht in einem folgenden Kapitel angehängt. Allein die bloße Existenz dieses stets nur für Einzeleinsätze konzipierten und dabei technisch überlegenen Flugzeuges ist *der Beweis für die deutsche Atombombe* schlechthin. **Die Me 264, die nach Aussagen der Testpiloten auf Anhieb brillante**

Flugeigenschaften aufwies, konnte vom Reichsgebiet aus im Nonstop-Flug die Stadt New York
mit einer Nutzlast von 1800 Kilogramm erreichen
und wieder nach Deutschland zurückfliegen! Die
Gesamtflugstrecke lag bei 14 000 Kilometern. Im
Schutze der durch die Ost-West-Marschrichtung
verlängerten Nacht hätte sie Amerika durchaus
unbemerkt erreichen können, insbesondere als die
Luftüberlegenheit der Alliierten noch nicht so absolut war, wie dies ab dem Winter 1944/45 der Fall
war. Die Me 264 war als einzeln operierendes Fern-
flugzeug konzipiert, das nur *eine einzige* Bombe
ans Ziel zu tragen hatte. Es erübrigt sich jeder
Zweifel, dass es sich hierbei ausschließlich um die
Atombombe handelte. Weil dieser deutsche Atombomber bereits flog und überragende Leistungen
für diesen einzigen Zweck unter Beweis gestellt
hatte, existierte natürlich auch die deutsche Atombombe, denn sonst hätte man ihn nicht entwickelt. Eine Aufdeckung der Verzögerungsgründe für
den entscheidenden Abflug, der vielleicht die ganze
Weltgeschichte verändert hätte, konnte von den daran keinesfalls interessierten Kreisen bis heute mit
Erfolg verhindert werden. Dieses damals gefährlichs-
te Flugzeug der Welt, für das sogar ein Antrieb mittels Dampfturbine vorgesehen war, nur um es unter
allen Umständen auf die Reise schicken zu können,
wurde nach dem Kriege mit voller Absicht verharm-
lost und den allgemein unbedeutenderen deutschen
Projekten zugeordnet. Es wird bereits weltweit seit

vielen Jahren in keinem neuzeitlichen Flugzeug-
typenbuch mehr erwähnt! Heute (2009) ist das Flugzeug, wie schon gesagt, praktisch vergessen – so, wie
es seitens der alliierten Instanzen beabsichtigt war,
die noch heute die wichtigsten Deutschland betref-
fenden, bereits weiter vorn erwähnten Geheimdo-
kumente in London unter Verschluss halten. Diese
Dokumente dürften im Wesentlichen *nur noch* die
vorgetragene Atombombentechnologie und deren
wahre Geschichte betreffen, alles andere ist ja seit
Jahrzehnten unzählige Male publiziert worden.

In Amerika wurde, wie schon erläutert, *eine* der
erbeuteten Bomben in der Wüste von Alamogordo
unter Außerachtlassung der ja noch unbekannten
Strahlenschutzmaßnahmen drei Monate nach dem
Auffinden vor Hunderten von praktisch ungeschütz-
ten militärischen Beobachtern am Boden gezündet.
**Es hat sich klar erwiesen, dass die Amerikaner zu
dem Zeitpunkt keine Vorstellung von den Auswir-
kungen der Bombe hatten, weil sie eben *nicht* von
ihnen entwickelt worden war!** Das delikate Versuchsergebnis deckt sich mit der deutschen Erfahrung (siehe Vorwort), dass man eigentlich mehr Wirkung erwartet hatte. Dass die Wirkung der geteste-
ten deutschen Atombombe *ausschließlich* vom Abwurf aus großer Höhe mit verzögerter Fallzeit abhängig war, stellten die Amerikaner tatsächlich *erst
nach* dem Test in Alamogordo fest. Sie gerieten dadurch unerwartet in einen dramatischen Zugzwang:

Die plötzliche und die ganze Welt gefährdende Konfrontation zwischen der Sowjetunion und Amerika ergab sich direkt nach dem Test. Das schwache Testergebnis ließ die Sowjets daran zweifeln, dass die Amerikaner ihnen wirklich zuvorgekommen waren. Die Amerikaner waren wegen dieser brisanten Lage gezwungen, die *Wirkung* der Atomwaffe schnellstens zu demonstrieren. Man musste den deutschen Atombomber sofort »kopieren« oder ein geeignetes eigenes Flugzeug umrüsten, um die beiden anderen Beutestücke *abwerfen* zu können. Der noch nicht beendete Krieg gegen Japan bot die einzige legitime Gelegenheit dazu. Die Entscheidung des endgültigen Sieges wurde so geschickt hingehalten, dass die Japaner nicht vorher kapitulierten. **Erst *nach* dem Fund der Bomben in Thüringen und logischerweise auch erst *nach* dem Bodenversuch in Alamogordo konnte die *509. Composite Group* im amerikanischen Bundesstaat Utah – ebenfalls in einem Wüstengebiet, das bei Salt Lake City liegt – auf die Aufgabe des Atombombenabwurfs am Fallschirm vorbereitet werden.** Als geeignetes Flugzeug erwies sich der Langstreckenbomber **Boeing B 29,** der von seinen Abmessungen und Leistungen her weitgehend mit der Messerschmitt Me 264 zu vergleichen ist (war). **Allein diese technisch unvermeidlichen Zwangsläufigkeiten beweisen unbestreitbar, dass in Wahrheit alles anders gelaufen ist, als bisher behauptet wurde!**
Persönliche Erinnerungen erhärten inzwischen die

Überzeugung, dass es zu Probeabwürfen von Attrappen am Fallschirm aus der Me 264 über deutschem Boden gekommen ist. Mein Vater hatte erzählt, dass er den »Manhattan-Bomber« bei der Flugerprobung beobachten konnte. Nach seinen Andeutungen vermute ich heute, dass diese Programme in Bayern durchgeführt wurden. Ich selbst konnte die Maschine von unserem KLV-Lager 1943 bei Regensburg mehrmals fliegen sehen. Trotz der amerikanischen Luftüberlegenheit bot sich übrigens selbst 1944/45 immer noch Gelegenheit zur Beobachtung *deutscher* Flugzeuge. So konnte ich auch die sogenannte »Mistel«-Kombination im Fluge beobachten, die als Verlustgerät mit normalem Sprengstoff, d. h. *ohne Atombombe*, gegen einen Bomberpulk wenig Sinn ergeben hätte. Ein huckepack befestigtes, absprengbares Leitflugzeug führte dabei einen unbemannten Bomber an den Pulk heran.

Mitte März 1945 fand **ein Ereignis statt, das nicht vergessen werden sollte:** Hunderte von amerikanischen »Tagbombern« überquerten die Lübecker Bucht in Richtung Berlin. Nach dem schon zur Routine gehörenden Sirenenton der »Vorwarnung« war das minutenlange Geheul für den »Vollalarm« im Gange. Ich hörte über den Volksempfänger VE 301 sofort den Drahtfunk und die Flak-internen Meldungen ab, nach denen es hieß, dass ein größerer Bomberpulk sich aus der Gegend von Lübeck vom Hauptverband getrennt habe. Dieser Pulk war auf südwestlichen Kurs gegangen und musste sich also in wenigen Minuten unserem Standort nähern, als folgende überraschende Meldung durchkam, an deren Wortlaut ich mich bis heute noch fast wörtlich erinnere: *Aus dem anfliegenden Bomberpulk wurden 24 Flugzeuge abgeschossen, die Reste des Verbandes drehen ab.* Kurz darauf schon kam »Entwarnung« für die Bevölkerung. Dieses Ereignis hat mich jahrzehntelang beschäftigt. Es gibt keinen Hinweis auf den Einsatz etwa einer Flakrakete, die mittels chemischem Sprengstoff eine derartig überdimensionierte »Luftdruckexplosion« hätte erzeugen können. Alle Raketen und Geschosse waren stets für eine Zerlegung in unzählige, nicht zu kleine Stahlsplitter ausgelegt, die ausschließlich eine *mechanische* Zerstörungsarbeit leisteten. Reine Luftdruckexplosionen waren bis dahin für eine wirksame Flugabwehr nie ausreichend. Demnach bliebe als logische Erklärung nur der Einsatz einer aus größerer Höhe mitten im Bomberpulk gezündeten Atombombe. Dass eine Me 264 oder eine »Mistel« der Angreifer war, ist ernsthaft in Erwägung zu ziehen. Das gesamte Ereignis blieb offiziell unerwähnt. Weitere Informationen hierzu auch auf den Seiten 125 und 157!

10.
DER ABWURF DER ERSTEN ATOMBOMBEN

An dieser Stelle möchte ich als Luftfahrtingenieur einige entscheidende Argumente vorlegen, die eindeutig belegbar sind und **unwider**legbar beweisen, **dass die »Abwürfe« der beiden Atombomben auf Japan bis heute technisch absolut unzureichend erläutert wurden.** Man sucht selbst in der militärischen Fachliteratur der damaligen Zeit nahezu vergeblich nach Schilderungen des Ereignisses seitens der damaligen Flugzeugbesatzungsmitglieder. Es war alles geheim – alles wurde mit Erfolg bis in unsere gegenwärtigen Tage verschleiert.

Der »normale« Abwurf einer Bombe aus einem horizontal in größerer Höhe fliegenden Flugzeug unterliegt einigen physikalisch-technischen Gesetzmäßigkeiten, die seit über 70 Jahren bekannt sind und an allen Bombenfliegerschulen der Welt gelehrt und eingeübt werden. Dabei sind die Flugzeuggeschwindigkeit und die Flughöhe als feste Größen im Diagramm zur Ermittlung der Bombenfallkurve zu betrachten. Im Augenblick des Abwurfs bewegt sich eine Bombe zunächst mit der Flugzeuggeschwindigkeit, bleibt aber infolge des Luftwiderstandes mehr und mehr zurück, sodass der Auftreffpunkt hinter dem Flugzeug zurückliegt (Rücktrift). Die

Fallkurve und damit die tatsächliche Wurfweite ist dabei wesentlich von der Art der Bombe abhängig, womit das spezielle Training des Piloten und des Bombenschützen verständlich wird. Auch die (theoretisch vorherbestimmbare) Fallzeit ist von der Art der Bombe abhängig. Als Beispiel mag genügen, dass die Fallzeit für eine aus 6000 Metern Höhe abgeworfene konventionelle Bombe aus einem mit 360 Kilometern pro Stunde fliegenden Flugzeug ca. 38 Sekunden beträgt. Die Bombe hat dabei eine horizontale Strecke von 3280 Metern zurückzulegen. Das Flugzeug befindet sich zum Explosionszeitpunkt (Rücktrift der Bombe!) *lediglich 520 Meter* voraus!

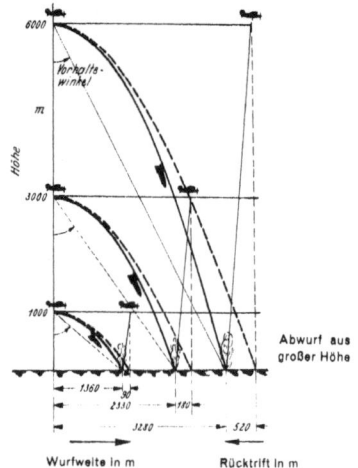

Diese Gesetzmäßigkeiten sind für den Abwurf einer Atombombe auf deren Prinzip zu übertragen. Im Gegensatz zu den später durchgeführten unterirdischen oder unterseeischen Atomexplosionen sind die beiden Japan-Abwürfe prinzipiell als **Luftexplosionen** abgelaufen. Wegen der mittlerweile allgemeinen Gültigkeit gewisser einfacher mathematischer Verhältnisgesetze (*Scaling Laws*) ist es inzwischen möglich, aus Diagrammen die Wirkungen, wie z.B. die Zerstörungs-

radien und die Ausbreitungszeiten für Atombom-
benexplosionen mit verschiedenen Energien, vor-
auszubestimmen. Damals hat man die ersten Erfahrungen und Messwerte der (*auf einem 30 Meter hohen Mast*) gezündeten Beutebombe in Alamogordo
zunächst empirisch erarbeitet. Es hat sich u. a. ergeben, dass die Druckwelle das abfliegende Flugzeug
bereits nach wenigen Sekunden einge- bzw. überholt
hätte. Die Konsequenzen sind überzeugend: Es ist
ein Fallschirmsystem als Verzögerungseinrichtung
benutzt worden, um dem Flugzeug eine Flucht zu
ermöglichen.

Ein ähnliches Foto wie oben gibt es auch in einem
Spiegel-Beitrag. Es zeigt angeblich/irrtümlich die fertige Alamogordo-Test-Atombombe. **Die dargestell-
te Versuchsanordnung zeigt allerdings nicht die
Bombe selbst.** Es handelt sich bei dem dargestellten

Objekt um die unverzichtbare Unterdruckkammer mit zahlreichen Messkabeln und Schlauchleitungen, in der das ganze ja noch nicht erprobte, weil fertig vorgefundene, vom Luftdruck abhängige System hinsichtlich seiner Funktionsweise getestet werden musste. Die Bombe befand sich also *in* dieser Testkammer. Um die pneumatischen Schalter für Fallschirm und Zündung für das scharfe Abwerfen der beiden anderen Beutestücke justieren zu können, musste der Luftdruck in Abwurf-, Abbrems- und Zündungshöhe simuliert werden. **Die gezeigte Anlage macht zur Gewissheit, dass die erste Bombe in Alamogordo direkt in dieser Druckkammer gezündet wurde, weil sie sonst hätte abgeworfen werden müssen (siehe Seite 108!).** Die erkennbare Gebäudewand, die aus Holzlatten und einer bereits stark verschlissenen Wellblech-Beplankung bestand, beweist darüber hinaus das unter äußerstem Zeitdruck ablaufende Provisorium. Das alles war weit entfernt von der angeblich jahrelangen Forschungsarbeit in riesigen Präzisionslabors. Letztlich ist die *Spiegel*-Aussage zum Foto falsch, weil behauptet wird, **das** sei die Atombombe gewesen. Tatsächlich hätten dann ja zudem **drei** unterschiedliche Modelle existieren müssen (vergleiche Seite 105!).

Die Testzündung der Alamogordo-Beutebombe am 16. Juli 1945 soll auf einem 30 Meter hohen Mast erfolgt sein. Ob die Druckkammer mit der Bombe sich wirklich auf dem Mast befand, wurde natürlich nie im Detail veröffentlicht. Ein fachkundiger Leser

entnimmt dem besagten *Spiegel*-Bericht über das Versuchsergebnis jedenfalls, dass die (ja in ihrer Wirkung noch unbekannte!) Testbombe viel zu dicht über dem Erdboden gezündet wurde. Die *erforderliche* Explosionshöhe war damals noch gar nicht in Erwägung gezogen worden. **Erst danach** erkannte man, dass die Bombe nicht als Sprengbombe, sondern als überdimensionierte **druck**erzeugende Luftmine wirken sollte. In Alamogordo entstand ein Krater von etwa 30 Metern Durchmesser, in dem später als Souvenirs unzählige Glassschmelzbrocken aus geschmolzenem Sand gesammelt wurden. Eine weitere Beweisführung, dass hier ein Beutestück ausprobiert wurde, dürfte sich erübrigen. **Erst als man ermittelt hatte, dass die** (*deutschen*) **Atombomben nicht einfach wie konventionelle Systeme »auf den Erdboden« geworfen werden sollten, begann man, die in Celle erbeuteten »Gebrauchsanweisungen« für einen Abwurf am Fallschirm in die Praxis umzusetzen!**
Es ist inzwischen kein Geheimnis mehr, dass die genau gewählte Höhe einer »Luftexplosion« über dem Erdboden grundsätzlich eine maximale Zerstörung mittels Luftdruck bewirken soll. **Die Explosionshöhe der über Hiroshima und Nagasaki gezündeten Bomben betrug ungefähr 560 Meter.** Ich habe mich bei dieser Höhenangabe außer auf eigene Arbeiten auch auf das Taschenbuch *Kernexplosionen und ihre Wirkungen* der Autoren Prof. Dr. C. F. von Weizsäcker, Frank Demming, Dirk-Michael Harm-

sen und Karl-Friedrich Saur bezogen (Fischer Bücherei 1961). Auch der oben genannte *Spiegel*-Bericht erwähnt beiläufig eine Explosionshöhe von etwa 600 Metern, die sich größenordnungsmäßig mit den zuvor genannten Angaben deckt. Erst *nach* meinen Recherchen in dieser Richtung wurde mir klar, was mein Vater im Winter 1944/45 über seinen vorne erwähnten Einsatz in einer **Fallschirmfabrik bei Celle** berichtete. **Die damals Celle besetzenden Engländer fanden zwar Zeichnungen, Maße und Gewichte der Atombombe, die aber lediglich der Konstruktion der Fallschirmsysteme und der Verwirbelungsbleche an der Bombenhülle (siehe die Seiten 19 und 22!) dienten.** Diese *vortex generators* erzeugten den für das Öffnen des Fallschirmsystems erforderlichen Luftstrom. Mit der *Bombenherstellung selbst* dürfte dieses Werk nichts zu tun gehabt haben. Es erweist sich aber, dass die Alliierten *auch die Anwendung der Waffe* im Sinne einer »Gebrauchsanweisung« erbeuteten. Es erklärt sich durch dieses ganz spezielle Abwurfverfahren, warum die Amerikaner später so auffällig oft mit der Möglichkeit eines »Blindgängers« rechneten. Hätten die Amerikaner die Bombe und ihr Prinzip wirklich selbst entwickelt, hätten sie zeitgleich mit Testabwürfen aus Flugzeugen (z. B. bereits 1943) beginnen müssen. Bereits lange vor dem Abwurf hätten dann perfekt trainierte Besatzungen und durchkonstruierte Flugzeuge bereitgestanden! Der gesamte technisch-historische Verlauf zeigt jedoch, dass es so nicht gewesen sein kann und nicht gewesen ist! So wurde möglicherweise der Beginn des Abwurftrainings der 509.ten amerikanischen Bombergruppe bei Wendover/Utah, USA, auf den 17. Dezember 1944 zurückverlegt, um glaubhaft zu machen, dass es sich um eigene, also amerikanische Entwicklungen gehandelt hat (die Bomben wurden ja erst Anfang April 1945 gefunden!).

Mit den deutschen Beutestücken war wie gesagt eine Abwurftechnik verbunden, die für die Amerikaner unerwartet und neu war. Meine technischen Erläuterungen machen dementsprechend auch gleich die Schwierigkeiten verständlich, die mit dem auf deutscher Seite weiterführend geplanten Atomangriff per Fernrakete oder per »Mistel«-Projekt zu bewältigen waren. Auch das in der Erprobung befindliche präzise Hineinsenken einer *am Fallschirm* hängenden Atombombe in einen fliegenden Bomberpulk konnte als Präzisionswaffe nicht mehr realisiert werden. **Als einsatzfähiges nukleares Waffensystem erweist sich im Rückblick aber ganz klar die zuerst entwickelte Kombination von Fernbomber und Fallschirmabwurf gegen ein *Bodenziel*, d. h. der damals erwartete und rein technisch im Prinzip jederzeit mögliche Einsatz eines deutschen Atombombers. Die Angst der Amerikaner war also begründet!**

Die Amerikaner haben genau diese erbeutete Technologie und ihre »Gebrauchsanweisung« in Japan mit Erfolg (und Glück!) angewendet. Es ist einwandfrei erwiesen, dass beide Japan-Bomben sich ihrem Ziel am Fallschirm hängend näherten, so wie es bei der deutschen Luftwaffe erprobt worden war. **Erst im Anschluss an den Atombombentest in der Wüste von Alamogordo in New Mexico/USA wurden zwei Boeing B 29 innerhalb einer aus technischer Sicht überaus kurzen Zeitspanne für den Abwurf der Atombombe hergerichtet.** Dazu war, aus der Erfahrung des Flugzeugbauers der älteren Generation gesprochen, mindestens eine handwerkliche *Modification* der Rumpfstruktur notwendig, die ja an die völlig außerhalb der Norm liegenden und wegen der Eile nicht mehr zu ändernden Beutebomben-Konfiguration angepasst werden musste. Zumindest die Einhänge- und Ausklinkmechanismen wurden innerhalb kürzester Zeit manuell angefertigt und eingebaut. Ich habe persönlich anlässlich meiner diversen dienstlichen Reisen in die *Boeing*-Werke während der 70er-Jahre des vergangenen Jahrhunderts noch Zeitzeugen gesprochen, die beim damaligen Lizenznehmer *Glenn Martin* selbst an diesen *Modifications* gearbeitet haben. Einer dieser Männer war der (spätere) New Yorker Farmer John A. Leith, der als junger Mann u. a. »life« mit der B 29 geflogen ist (vergleiche Seite 171). Seiner vertraulichen Aussage nach wurden die ausgewählten Besatzungen zunächst in Utah, aber auch noch direkt »vor Ort«, erst Ende Juli bzw. in der ersten Augustwoche 1945 auf der Insel Tinian im Pazifik, mit der unerwarteten, speziellen Abwurftechnik vertraut gemacht. Alles in allem, wozu auch die Transportwege gezählt werden müssen, entspricht der Verlauf vom Tage des Auffindens in Thüringen bis zum tatsächlichen Abwurf absolut den trotz der gebotenen Eile unvermeidbaren Abläufen. Während die Russen mit dem Säbel rasselten und mit dem Übergriff auf das gesamte westliche Europa drohten, wurden die beiden noch verfügbaren (damals einzigen) Bomben am **6. und 9. August 1945**, also nur vier Monate nach dem Auffinden in Thüringen, »erfolgreich« auf Hiroshima und Nagasaki abgeworfen. Japan bot zwar einen Tag nach dem Angriff auf Nagasaki die Kapitulation an. Weil aber, im Gegensatz zum europäischen Kriegsschauplatz, das japanische Mutterland noch völlig unbesetzt war und sich das gesamte Volk auf eine Verteidigung bis zum letzten Mann eingestellt hatte, **griff die *US Army Air Force* die japanische Infrastruktur *nach* den beiden Atombombenabwürfen zunächst noch einmal mit 1014 Bombern des besagten Typs B 29 an.** Diese authentischen Informationen entstammen dem mehrbändigen Werk *The Military History of World War II*, Band 14: *The Air War in the Pacific, Victory in the Air* von Col. Trevor Nevitt Dupuy, *US Army* (1964). **Die chronologischen Abläufe machen, richtig sortiert, zur Gewissheit, dass zu dem Zeitpunkt keine weiteren Bomben zur Verfügung standen!** Das wusste aber damals kein Japaner. Die Kampfhandlungen endeten unter der vermeintlichen Gefahr weiterer Atombombenabwürfe am 15. August

1945 – die endgültige Unterzeichnung der japanischen Kapitulation erfolgte in der Bucht von Tokio, an Deck des US-Schlachtschiffes *Missouri*, vor General MacArthur am 2. September. Auch die Situation in Europa änderte sich schlagartig in den sich danach über Jahre hinziehenden Status des »Kalten Krieges« zwischen den Amerikanern und den Sowjets. Es bleibt nachdenkenswert, dass die damaligen Atombomben keineswegs die heute behauptete, einzig kriegsentscheidende Maßnahme darstellten, denn Tokio war ja viel zu groß für eine überzeugende Wirkung. Die Japaner waren militärisch ohnehin schon genauso erledigt wie zuvor die Deutschen. **Es ging also ausschließlich um die Demonstration: »Hier könnt ihr alle sehen, wir *haben* die Bombe (gefunden).«**

Am 6. August 1945 wurde zunächst die Hiroshima-Bombe aus großer Höhe abgeworfen. In einer genau eingestellten Höhe über Grund, die von einem der beiden Sensorensysteme (vergleiche Pos. B und C auf Seite 19) **im Fall ermittelt wurde, öffnete sich der Heckkegel** (Pos. A auf Seite 19) **und das Fallschirmsystem wurde von der verwirbelten Luftströmung herausgezogen. Die Bombe hing daraufhin über der Stadt und sank abwärts.** Diese Situation erklärt unter anderem, warum der Zielanflug unter Berücksichtigung der in Ozeannähe meist täglich veränderten aktuellen meteorologischen Bedingungen über dem Ziel so präzise und zeitaufwendig trainiert werden musste. Der Anflug erfolgte mit drei Maschinen. Der Atombomber wurde dabei von einem *meteorologischen* Messflugzeug geführt, das die »Pathfinder«-Aufgabe wahrnahm. Je nach Windrichtung, Windstärke und aktuellem Luftdruck über dem Ziel musste die minutenlange Schwebestrecke der Bombe am Schirm unmittelbar vor dem Abwurf auf den Kurs des Bombers zurückgerechnet werden, damit die Explosion genau über dem Zentrum des Stadtgebietes erfolgte. **Mit Sicherheit wurde die am Montagmorgen um ca. 8:19 Uhr am Fallschirm hängende Atombombe von zahlreichen interessierten Menschen vom Boden aus beobachtet. Die zunächst gegebene Luftwarnung war infolge der langen Schwebezeit des vermeintlichen Notabwurfes aus einem »Aufklärungsflugzeug« gerade wieder aufgehoben worden, als die Explosion erfolgte.** Das angreifende Flugzeug hatte sich inzwischen aus dem Gefahrenbereich entfernt. Ein Originalbericht der Besatzung der B 29 *Enola Gay*, der 1956 von dem weltberühmten *Smithsonian Institution National Air Museum* in der **Publication 4255 auf Seite 97** veröffentlicht wurde, erweist sich als **ein unbeabsichtigt »durchgerutschtes« amtliches Beweismittel**: Es wird berichtet, dass das Flugzeug nach einer 150°-Kurve Fahrt aufnahm und sich danach schon wieder in einer Entfernung von knapp zwölf Meilen bzw. 20 Kilometern befand, als die Explosion erfolgte. Dieser »Turn« macht eine geringe Fluggeschwindigkeit zur Bedingung. Als Flieger wurde mir klar, dass auch der Anflug eher gemächlich erfolgte, um den gerade genannten meteorologischen Vorgaben präzise folgen zu können. Aus diesen Tatsachen lässt sich ein weiteres, bereits weiter vorn angedachtes Indiz dafür ableiten, dass die Bomben keine selbst entwickelten, sondern erbeutete Exemplare waren: Man musste tatsächlich mit einem »Blindgänger« rechnen und hatte sich (*auch* aus *diesem* Grund!) **zwei Städte von zweitrangigem Status** ausgesucht, um ein eventuelles Versagen unauffällig »unter den Tisch kehren zu können«. Für die gerade zitierte Rückkehrkurve und die offiziell genannte Fluchtdistanz von rund 20 Kilometern lässt sich bei einer Flugzeuggeschwindigkeit von etwa 300 Kilometern pro Stunde eine grobe Zeitspanne von vier Minuten für die Fallzeit der Bombe bis zur Zündung errechnen. Der unscheinbare Bericht **bestätigt, dass die Bombe während dieser Zeit am Fallschirm hinabsank**. Das luftdruckempfindliche Zündsystem reagierte auf die genaue Explosionshöhe über Grund. Der in einem *Spiegel*-Aufsatz vom 24. Juli 1995 (»Hiroshima«, Red. Peter Wyden) wie ein persönlicher Erlebnisaufsatz erzählte »Angriffsbericht« widerspricht den von mir recherchierten und bis jetzt unbekannten technischen Abläufen signifikant, besonders deshalb, weil die Zeitangabe (43 Sekunden für den »Turn«) irrtümlich als Freifalldauer aus der recherchierten Angriffshöhe von 9500 Metern bis an den Boden interpretiert wurde. Das Gewicht (vier Tonnen, andere Quellen sprechen von fünf Tonnen) dürfte dabei auf *Fat Man* bezogen worden sein (Seite 105), der vielleicht so viel gewogen *hätte*.

Tragisch bleibt nach wie vor, dass die Strahlenschädigungen der Überlebenden billigend in Kauf genommen wurden bzw. zu dem Zeitpunkt noch gar nicht in Erwägung gezogen worden waren. Das beweisen die Spätfolgen bei zahlreichen der damaligen Beobachtern des Alamogordo-Tests inzwischen eindeutig: **ein weiterer Beweis dafür, dass die Amerikaner die Bombe nicht selbst entwickelt haben** *können*. Die Erfahrungen, die man nach den ersten »scharfen« Abwürfen 1945 und nach den darauffolgenden Atombombentests in eine wissenschaftliche Interpretation gekleidet hat, listen heute (2009) für den Explosionsort fünf sogenannte Primäreffekte auf: 1. die radioaktive Strahlung, 2. den nuklearen EMP, d.h. den Elektromagnetischen Impuls, der heute (aus großer Höhe) die High-Tech-Elektronik ganzer Kontinente außer Betrieb setzen könnte, 3. die Hitzewelle, 4. die Druckwelle und 5. jeglichen ursächlichen radioaktiven Regen und Fallout aus aufgewirbeltem Staub und Schutt. Damit bestätigt sich, dass der zunächst vielversprechende Luftdruck nur noch als Nebenwirkung klassifiziert wird. Seit Hiroshima und Nagasaki weiß man, dass die Wirkung aller Atomwaffen zu über 80 Prozent in der radioaktiven Strahlung besteht. Mit der Funktionsweise der heute (neuen?!) sogenannten »Neutronenbombe«, die »nur« das biologische Leben, kaum aber Gebäude vernichtet, könnte die wenig veränderte technische Gesamtsituation generell aller Kernwaffen kaum besser dargestellt werden. Selbst sogenannte »kleine« Plutoniumbomben, die inzwischen zur militärischen Standardausrüstung aller Atommächte gehören, entfalten ihre Wirkung überwiegend in Form von Hitze- und nuklearer Strahlung, d. h. weniger als luftdruckwirksame Waffen.

Das *Hamburger Abendblatt* griff am 4. März 2005 folgende Vermutung des Autors Dr. Karlsch auf (Wortlaut): »*München/New York – Die Deutsche Verlagsanstalt (DVA) hat ›sensationelle‹ Forschungsergebnisse über die Entwicklung von Atomwaffen in Hitler-Deutschland kurz vor Kriegsende angekündigt. ›Das Deutsche Reich stand kurz davor, den Wettlauf um die erste einsatzfähige Atomwaffe zu gewinnen‹, heißt es über das Buch des Historikers Rainer Karlsch. Angeblich testeten deutsche Wissenschaftler 1944/45 auf Rügen und in Thüringen kleine nukleare Sprengsätze: Dabei seien Hunderte Kriegsgefangene und Häftlinge ums Leben gekommen (dpa).*«

Herr Dr. Karlsch konnte aber nicht vermuten, dass der damals getestete Bombentyp genau dem Hiroshima/Nagasaki-Typ mit der zu schwachen Wirkung – etwa für New York – entsprach. Die Vorstellung, dass weiterentwickelte, **kleinere** Bomben auch geringere Wirkung zeigen würden, ist unrealistisch. Im Gegenteil: Es wurde bis zuletzt verzweifelt an **stärkeren** Bomben gearbeitet, um das plötzliche militärische Defizit zu kompensieren. Wegen der

Gewissheit, die von den Wissenschaftlern (fest?) zu-
gesicherte Allmacht der Atombombe zu besitzen,
hatte die Reichsregierung bereits zahlreiche hoch
gesteckte Kriegsziele viel zu früh in Angriff genommen. Ohne die Atombombe wäre aber der Krieg
grundsätzlich nicht zu gewinnen gewesen (hierzu
auch S. 63, 64 und 121 sowie weitere Hinweise im
Text). Der Endsieg der Amerikaner über die Japaner
(und Russen!) hing dann von einem überzeugenden
Einsatz der beiden nach dem erwähnten Test noch
vorhandenen beiden deutschen Uranbomben ab! Es
sind ja tatsächlich **nur drei** *fertige* **Atombomben
gefunden worden.** Zu der Zeit, als die *US Army Air
Force* im März 1945 Tokio ganz konventionell mit
Brandbomben angriff (wobei es über 100 000 Tote
gab), war eine **amerikanische** Atombombe weder
vorhanden noch stand sie in Aussicht. Erst nach dem
erfolgreichen Beutezug durch Thüringen konnte um-
disponiert werden. **Es muss bezweifelt werden, dass
es sich bei den beiden Angriffen auf Japan um zwei**
verschiedene **Bombentypen gehandelt hat. Die**
Form **der Bomben beweist gar nichts. Die der Welt
ja erst geraume Zeit nach den Abwürfen präsen-
tierten Bomben** *können* **ja ohnehin nur entweder
unfertige Beutebomben oder Attrappen gewesen
sein. Die Originale waren ja abgeworfen worden!**
Das Zerstörungsbild beider Städte ist jedenfalls identisch. Dass die von den ursprünglichen (deutschen)
Konstrukteuren ja schon damals ermittelten, aber
von den Beutemachern erst nachträglich und zeit-

raubend nachzuvollziehenden Zusammenhänge zwischen der Explosionshöhe über Grund und dem Zerstörungsradius tatsächlich die bereits erläuterte Auswahl der Ziele in Japan beeinflusst haben, wurde mir erst während der vorliegenden Berichterstattung klar. Die Stadtkerne von Hiroshima und Nagasaki bedeckten flächenmäßig lediglich, aber exakt, die Ausdehnung der zu erwartenden und dann auch tatsächlich eingetretenen Zerstörungen, **sodass der Welt demonstriert werden konnte: Eine einzige Atombombe löscht eine ganze Stadt komplett aus!** Man wusste, dass der Luftdruck sich nur über eine bestimmte Kreisflächengröße auswirken würde, und hatte deshalb ganz gezielt drei Städte ausgesucht, deren Bebauung im Kernbereich aus überwiegend asiatisch-traditionellen Holz-, Bambus- und Flechtmatten-Elementen bestand. Zwei dieser Städte konnten zerstört werden. Die dritte blieb als Ersatzziel unbehelligt und dementsprechend historisch unbekannt. Die Auswahl bzw. letztliche Entscheidung war damals ausschließlich von der jeweils geeigneteren Wetterlage abhängig. Militärisch ein Glücksfall. Nicht auszudenken, wie die Welt heute aussehen würde, wenn die schwierig einsetzbaren Bomben damals versagt hätten. Die deutsche Atombombe dürfte demnach die Freiheit der Westlichen Welt gerettet haben, nachdem ihre bloße Existenz zuvor unvorstellbare beiderseitige Anstrengungen, Opfer, Material- und Eigentumsverluste sowie astronomische Kosten verursacht hatte – einerseits, um ihren

Abwurf durchzuführen, andererseits, um ihn zu verhindern.

*Ausriss aus einer amerikanischen Luftwaffenzeitung
von 1945. Hier wird, wie im Übrigen bis heute, ausdrücklich von zwei unterschiedlichen Atombom-
bentypen gesprochen, was allerdings keineswegs
erwiesen ist. Die Attrappe oben dürfte die deutsche
Uranbombe (siehe Seite 19) repräsentieren, wie sie
nach den ersten drei Explosionen nie wieder gebaut
worden ist. Die untere Attrappe zeigt die angebliche
Nagasaki-Type, die ich auf Seite 21 beurteilt habe.*

Die drei in Thüringen einsatzfähig vorgefundenen Atombomben waren technisch identisch und hinterließen eine absolut gleiche Energieentfaltung. Seite 106 oben: der Funktionsversuch in Alamogordo (USA, Juli 1945); Seite 106 unten: Hiroshima, 6. August 1945; diese Seite: Nagasaki, drei Tage später.

Ein Bild von unvermutetem Aussagewert: der Trans-
port der <u>ersten</u> Atombombe in der Wüste von
Alamogordo zum Versuchsplatz. Die eigentliche
Bombe befand sich dabei <u>innerhalb der mächtigen,</u>
<u>sie umgebenden Vakuumkammer (vergleiche Sei-</u>
<u>te 91), mit der zusammen sie als Einheit gezündet</u>
<u>wurde</u>. Dass es nicht die »nackte« Bombe war, be-
weist allein schon der sichtlich zu große Durchmes-
ser des transportierten Objektes für ein Einhängen
in eine B 29. Die <u>gesamte</u> Versuchseinheit dürfte
gewichtsmäßig vermutlich dem vom Spiegel, Nr. 30/
1995, auf Seite 128 irrtümlich auf vier Tonnen <u>für die</u>
<u>Bombe allein</u> veranschlagten Gewicht entsprechen.
Nach meinen Berechnungen ergibt sich, dass die
auf Japan abgeworfenen »nackten« Bomben (ohne
Vakuumkammer) jeweils weit unter einer Tonne ge-
legen haben müssen.
Im Spiegel wurde gefragt, warum die Amerikaner
diese Bombe einsetzten, <u>von der sie so unsäglich</u>
<u>wenig wussten?</u> Wieso wussten sie damals <u>über-</u>
<u>haupt</u> so wenig darüber? Wie bereits beantwortet:
Sie hatten sie ja tatsächlich <u>eben nicht selbst ent-</u>

wickelt. **Selbst der Versuchsleiter in Los Alamos, Prof. Robert L.** *Oppenheimer, konnte die zu erwartende Sprengkraft nur grob schätzen: zwischen 2000 und 20 000 Tonnen TNT-Äquivalent.*

After the atomic bomb fell on Hiroshima.

Das Foto vom zerstörten Stadtzentrum Hiroshimas lässt eindeutig erkennen, dass sich zwar die Stahlkonstruktion des im Bildvordergrund sichtbaren Gebäudes durch die Hitze völlig verformt hat und dass die Mauerreste in kleine Trümmerstücke zerborsten sind. Die in wenigen hundert Metern Entfernung stehenden festen Gebäude sind allerdings nicht eingestürzt. Der theoretisch ermittelte, also zu erwartende Luftdruck wurde zweifellos zuvor auf die realisierbare Zerstörung aller traditionellen zivilen Leichtbauten »abgestimmt«. Die Sprengkraft wurde später auf 13 500 Tonnen TNT veranschlagt.

U.S. ARMY AIR FORCE PHOTO

Nagasaki after the bomb fell.

Das Bild des zerstörten Stadtkerns von Nagasaki lässt kaum einen Unterschied zur Auswirkung in Hiroshima erkennen. Hier wie dort sind sämtliche Leichtbauten vom Luftdruck umgelegt und fortgeblasen worden. Auch hier sind solide, gemauerte Gebäude sowie feste Brücken in der Nähe des »Hypozentrums« stehen geblieben. Das runde Objekt im Vordergrund ist ein fester Rundbau (Luftschutzbunker?). Die Bombe explodierte auf Bildmitte bei etwa 25 Prozent der Bildhöhe (bei dem kleinen, dunklen Objekt).

Nach den inzwischen vergangenen (über) sechs Jahrzehnten sehen beide Städte wieder so aus wie jede Großstadt dieser Erde. Von einer Unbewohnbarkeit war schon bald nach dem Kriege keine Rede mehr.

Dieses Vergleichsfoto zeigt die typische Auswirkung eines Sprengbomben-»Teppichs« auf eine Industrieanlage im Ruhrgebiet im Frühjahr 1945, der von mehreren hundert amerikanischen Fortress-II-Bombern während eines nicht mehr abzuwehrenden Tagesangriffs »verlegt« wurde. Eine derartige Wirkung auf solide Gebäude wäre mit einer der ersten Atom-(Uran-)Bomben nicht erzielbar gewesen.

Dieses Foto verdeutlicht die zweite Methode, die Wohnzentren der Zivilbevölkerung (z. B. Köln, Hamburg, Dresden, im Bild Nürnberg, aber auch zahlreiche kleinere Städte wie Hildesheim oder Zerbst) mit Massenabwürfen von Brandbomben zu zerstören. Auch eine derartige Wirkung wäre mit einer Uranbombe nicht erzielbar gewesen.

Ich möchte nach der langen Zeit und mit den inzwischen gesammelten Erkenntnissen **meine sicher noch niemals in Erwägung gezogene Beurteilung der ersten Atombomben** aus der Sicht des Ingenieurs präzisieren. Ich wiederhole dazu: Die Bilder der beiden betroffenen japanischen Städte lassen erkennen, dass d**ie Wirkung der zunächst als reine Luftdruckwaffen konzipierten Uranbomben schon auf deutscher Seite zunächst weit überschätzt worden ist. Diese Erfahrung mussten die Amerikaner teilen, nachdem sie die erste Bombe in Alamogordo getestet hatten.** Die Stadtkerne von Hiroshima (damals ca. 200 000 Einwohner) und Nagasaki (über eine Million Einwohner) bestanden aus leicht gebauten, dicht beisammenstehenden Gebäuden, die bei der Explosion noch nicht einmal alle verbrannten, sondern von dem erzielbaren Detonationsdruck zerlegt und fortgeblasen wurden. Der Durchmesser der durch den Luftdruck zerstörten Stadtkerne betrug tatsächlich in beiden Fällen höchstens vier Kilometer. Diese enttäuschend »bescheidene« Wirkung war in der Wüste von Alamogordo natürlich festgestellt worden. Weil man aber gezwungen war, die Bomben**wirkung** zu demonstrieren, suchte man die beiden Städte Hiroshima und Nagasaki ganz gezielt aus, um deren Reste allen internationalen Beobachtern anschließend überzeugend vorführen zu können (vergleiche Seite 104). In beiden Städten sind aber tatsächlich nahezu alle stabilen, konventionell gemauerten Gebäude stehen geblieben, zum Teil blieben sogar die Fensterrahmen in den Gebäuden unverformt erhalten. Die Dächer wurden noch nicht einmal überall abgedeckt. Später, in der Zeit des »Kalten Krieges«, wurde zu Recht die Frage gestellt, wie viele Atombomben wohl zur Zerstörung Moskaus nötig sein würden. Die Antwort lag meiner Erinnerung nach bei etwa 35 Atombomben der Uranbauweise (Quelle: *Der Spiegel*).

Im *Spiegel*, Nr. 31/2005, liest sich der delikate Zugzwang der Amerikaner wie folgt (der Auszug wird weitgehend wörtlich zitiert, meine eigenen Kommentare sind in Kursivschrift beigesteuert):

Am 25. April 1945 (*also drei Wochen nach dem Auffinden der Bomben*) traf das sogenannte Zielkomitee im Pentagon eine Vorauswahl möglicher Abwurforte. An einer von zunächst drei vorgesehenen, noch unzerstörten Städten sollte die Wirkung der Bombe überzeugend demonstriert werden. Zwei Flugzeuge begleiteten die *Enola Gay* beim Angriff: eine Pfadfinder- (Navigations-) und eine Kamera-Maschine. Und weiter berichtete *Der Spiegel*: Zu den Kriterien des Zielkomitees zählte freilich auch die militärische Bedeutung. Auch in Hiroshima wurde der Nachschub für die japanischen Truppen eingeschifft, die (*noch*) in China kämpften; das Hauptquartier der 2. Japanischen Armee war in der Industrie- und Hafenstadt stationiert und organisierte von dort die Abwehrmaßnahmen für den Fall einer amerikanischen Invasion gegen die japanischen Hauptinseln. Der *erst am 12. April 1945 nach Präsident Roosevelt* neu *eingesetzte* amerikanische Präsident Truman gab zwar Anweisungen, im Falle eines Atombombeneinsatzes nur militärische Ziele wie Soldaten und Matrosen ins Visier zu nehmen, nicht Frauen und Kinder.

Aber: *Die den Sowjets gegenüber unter einem enormen Erfolgsdruck stehenden Amerikaner entschieden sich dann letzten Endes doch für einen rücksichtslosen Angriff auf die bebauten Wohngebiete: Am 6. August um 8.15 Uhr japanischer Zeit explodierte die Bombe in rund 600 Metern Höhe über dem Stadtzentrum, und zwar über dem städtischen Krankenhaus. Die Japaner wurden nicht vorher gewarnt, um zu verhindern, dass die drei eher unauffälligen Flugzeuge vorher von der japanischen Abwehr abgeschossen wurden.*

Auch dieser Blick über das zuvor dicht bebaute Stadtzentrum von Nagasaki lässt ohne weitere Einwände folgende technische Beurteilung zu: Sämtliche der damals üblichen, im asiatischen Stil errichteten Gebäude wurden pulverisiert und fortgeblasen. Der Luftdruck reichte jedoch nicht aus, um auch alle gemauerten, soliden, im westlichen Stil aufgeführten Gebäude »umzulegen«. Der Blick vom Fotografen hinüber zum jenseitigen Stadtrand mag vielleicht zwei Kilometer betragen. Sowohl diesseits als auch jenseits des Explosionszentrums sind die festen Gebäude nicht nur weitgehend komplett stehen geblieben, sondern weisen zum Teil noch intakte Fenster- und Dachkonstruktionen auf. Ein gemauerter Fabrikschornstein links im Bild ist lediglich eingeknickt, d. h. er ist noch nicht einmal in sich zusammengestürzt. Obwohl die Bombe luftdrucktechnisch wie eine überdimensionierte Luftmine wirkte, wurde keineswegs die (wissenschaftlich zugesagte) Energie freigesetzt, die etwa den gesamten, eng mit Wolkenkratzern bebauten Kern von

Manhattan auf einen Schlag zerstört hätte. Wie schon der Versuch, den ich von Heiligenhafen aus beobachtete, klar erwies, verliert sich die Luftdruck-wirkung grundsätzlich über größere Entfernungen recht bald. Dieses physikalisch bedingte Abpuffern durch die umgebende Luft lässt sich übrigens auch anhand der 1946 im Bikini-Atoll explodierten ersten »echten amerikanischen« Test-Atombombe über zahlreichen, nur ca. 700 Meter vom Hypozentrum entfernten ausrangierten Kriegsschiffen bestätigen, die praktisch unbeschädigt blieben (siehe Bild unten).

Allein schon aus diesen Gründen – von der damals noch gar nicht bedachten Strahlung und einem späteren Fallout einmal abgesehen – ist die Schlussfolgerung gerechtfertigt, dass zwar ab Sommer 1944 deutsche Atombombenversuche durchgeführt wurden, die der Welt verborgen geblieben sind. **Aber: Der »scharfe« Einsatz der unter der Hand angekündigten Superwaffe ist von deutscher Seite aus nur deshalb unterblieben, weil die Luftdruckwirkung, die zunächst wissenschaftlich zugesichert worden war, keinesfalls für die schlagartige totale Zerstörung einer solide bebauten europäischen oder amerikanischen Großstadt ausgereicht hätte. Auch die bereits in der Erprobung befindliche technische Lösung eines Zündsystems, das die Bombe bei einer Beförderung mit einer schnellen Rakete genau in der erforderlichen Höhe (z. B. 600 Meter) über dem Ziel hätte zur Explosion bringen müssen, war eines der Probleme, deren Lösung in dem Chaos der täglichen amerikanischen Flächenbombardements von deutscher Seite aus *gerade nicht mehr* realisiert werden konnten** (siehe auch ab Seite 157).
Es gibt (gab) übrigens ein weiteres, mir nicht mehr zur Verfügung stehendes Pressefoto aus der frühen Nachkriegszeit, das einen amerikanischen GI im Kampfanzug und mit Stahlhelm in einer unterirdischen Schachtanlage mit der Atombombe zeigt. Meiner Erinnerung nach war es im *Hamburger Fremdenblatt* in braunem Farbton erschienen. Ein exzel-

lentes Foto. Der Soldat legt in Siegerpose eine Hand auf die Außenhaut der Bombe und blickt in die Kamera. Die eher unscheinbare, zylindrische Bombe (vergleiche **Seite 23!**) ruht auf einem Transportfahrzeug, ähnlich dem Untergestell einer Arbeitslore. Die Bildunterschrift erklärte wortgemäß: »So sieht die Atombombe aus.« Das Bild hat demnach die fertige **deutsche** Atombombe gezeigt. Die angeblich in den USA entwickelte Bombe war es nicht, denn unter Laborbedingungen hätte sich kein kleiner GI mit besagter Geste an die hochgeheime Waffe lehnen können. Und warum hätte sich die amerikanische Bombe in einem unterirdischen »Luftschutzraum« befinden sollen? **Inzwischen ist klar, dass es zur Schaffung der Atombombe nicht der ausgedehnten Anlagen bedurfte, die der Welt seither von Amerika gezeigt werden. Die weltweit verbreiteten Bilder von den riesigen, damaligen Herstellungsbetrieben in den USA sind keinesfalls mit dem tatsächlich benötigten, geringen Platzbedarf für eine *noch dazu geheim zu haltende* Reaktoranlage in eine logische Beziehung zu bringen!** Wenn die Amerikaner wirklich so weit mit der Entwicklung der Bombe gewesen wären, dass sich der Einsatz für den Herbst des Jahres 1945 voraussehen ließ, dann hätten sie wie gesagt auf alle unvorstellbar verlustreichen Invasionen, wie gegen die deutschen Truppen in Italien, an der Atlantikküste oder gegen die Japaner im Pazifik, verzichten können (**müssen!**). **Amerika hätte die Pflicht gehabt, bis zu** dieser dann ja klar voraussehbaren Entscheidung zumindest das Opfer von Zehntausenden eigener Soldaten zu vermeiden. Ohne im Einzelnen auf die amerikanischen Offensiven gegen Japan eingehen zu wollen, widersprechen doch gerade die letzten, verlustreichsten Aktionen am überzeugendsten der lancierten Historie der Atombombe. Vom 6. April bis zum 22. Juni 1945 spielte sich die Invasion der Japan direkt vorgelagerten Inselgruppe Okinawa ab – die wohl verlustreichste Schlacht des Zweiten Weltkrieges, bei der z. B. auf beiden Seiten etwa 10 000 (zehntausend!) Flugzeuge verloren gingen. An eine unmittelbare Entlastung bzw. Vermeidung derartiger Vernichtungskämpfe durch die (angeblich vorhandene) amerikanische Atombombe war überhaupt nicht zu denken! Vom 16. bis 26. Juli 1945 fand inzwischen in Potsdam bei Berlin die erste gemeinsame Konferenz der Siegermächte statt. Unmittelbar vor Beginn dieser Konferenz wusste Harry S. Truman überhaupt noch nicht, ob die (erbeutete!) Atombombe funktionieren würde. Als er dann *während* der Konferenz von dem geglückten Test in Alamogordo erfuhr, gab er von Potsdam aus am 31. Juli die Weisung: »Release when ready!«, d. h. »abwerfen, wenn fertig«. Truman rechtfertigte anschließend den Abwurf der beiden Atombomben mit den Opfern, die eine Invasion des japanischen Mutterlandes gefordert hätte. Ich hatte bereits verdeutlicht, dass Amerika gerade auch die erst etwas über ein Jahr zurückliegende Invasion an der Kanalküste (6. Juni 1944) hätte vermeiden *müssen*, wenn eine *amerikanische* Atombombe wirklich derartig nahe vor dem Einsatz gestanden hätte. Während die deutsche Führung den bereits lange verlorenen konventionellen Krieg in der verständlichen Hoffnung auf eine nukleare Wende immer weiter hinzog und das unauslöschliche Urteil einer verbrecherischen Unvernunft in Kauf nahm, **mussten die Amerikaner tatsächlich Zigtausende von Invasionssoldaten opfern, weil** *sie* **die Bombe eben** *nicht* **hatten.** Sie mussten verhindern, dass den Deutschen »in letzter Minute« noch der Abwurf gelang, aber vor allem auch, dass die Sowjets die Atombomben in die Hände bekamen.

Die auf der nächsten Seite folgende Aufstellung aus der bereits mehrfach zitierten Dokumentation *SKYWAYS* von 1945 gibt eine Vorstellung allein von den Flugzeugverlusten der ehemaligen Gegner des Zweiten Weltkrieges in Europa. Dabei bedeuten:
– USAF: *United States Air Force* (Amerika)
– RAF: *Royal Air Force* (England)
– GAF: *German Air Force* (Deutsche Luftwaffe)
Der amtliche Nachweis ergibt, dass die GAF, d. h. die Deutsche Luftwaffe, während des schließlich verlorenen Krieges *einschließlich Ostfront* knapp 30 000 Flugzeuge verlor. Die angloamerikanischen Verluste allein über Deutschland lagen bei fast 35 000 (genau 34 803) Maschinen! **Allein diese gewaltigen Opfer beweisen noch einmal, dass die amerikanische**

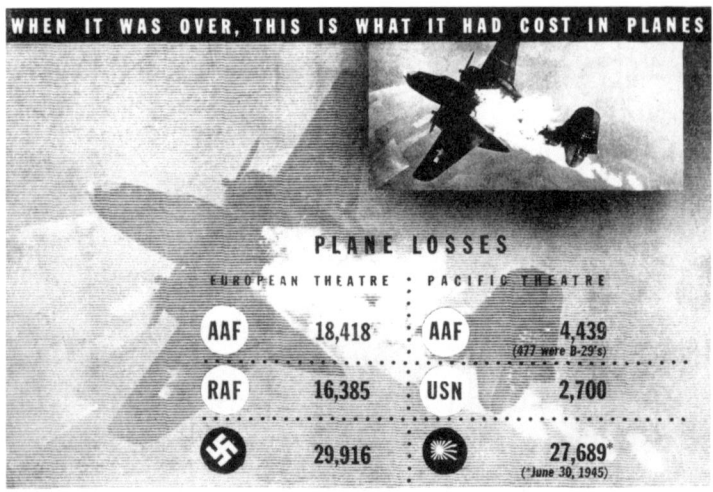

Atombombe damals weder vorhanden war noch in greifbarer Nähe stand!

Die amerikanischen Bomberverbände flogen stets bei Tage gegen das deutsche Kernland. Das Foto auf Seite 123 zeigt die zeitweise unglaublich dichte Flakabwehr. Die detonierenden Geschosse begleiteten die Flieger manchmal stundenlang. Abschüsse waren im Allgemeinen aber nur bei einem direkten Treffer zu verzeichnen, bei dem die Flugzeugstruktur von den auseinanderfliegenden Stahlsplittern der Granate zerstört wurde. Der Detonationsdruck in der freien Atmosphäre – das gilt auch noch in der Gegenwart – wurde von der Luft bereits in geringer Entfernung vom Flugzeug bis zur Wirkungslosigkeit abgedämpft. Nur eine Kernwaffe mit entsprechender großer (aber physikalisch eben auch begrenzter) Druckentwicklung hätte als »Luftkampfwaffe« zahlreiche der dicht beieinander fliegenden

Maschinen gleichzeitig zum Absturz bringen können. Wenn damals statt der nuklearen Fallschirm-
bombe schon eine Atombombe mit funktionieren-
dem Annäherungszünder oder mit Funkfernaus-
lösung z. B. für die »Mistel« verfügbar gewesen wäre,
hätten die Bomberpulks nicht mehr eingesetzt werden können.

Ich möchte gerade meine persönliche »Erinnerungs-
kiste« nicht schließen, ohne noch einmal ganz spezi-
ell auf die »Mistel«-Huckepack-Erprobung zurück-
zukommen. Diese Doppelmaschinen waren natürlich sehr auffällig und blieben den alltäglich mehr
oder weniger unfreiwillig geschulten Augen von uns
aufwachsenden »Großen Jungs« nicht verborgen.
Wir beobachteten diese »Gespanne« ab Ende 1943
und über die Restzeit 1944/1945 mit zunehmender
Häufigkeit am Himmel über Süd-Schleswig-Hol-
stein. Auch in Ostsee-Nähe waren sich wiederho-

lende Flugmanöver, wie etwa der Anflug auf ein Übungsziel, bei guter Wetterlage gut zu sehen. Sofern es unsere Freizeit zuließ, fuhren wir mit unseren Fahrrädern 20 oder 30 Kilometer weit, um die nahen Luftwaffenflugplätze aufzusuchen. Die Hamburg-Fuhlsbütteler Hallen mit Me-110-Nachtjägern waren unter riesigen Tarnnetzen verborgen und wurden auch tatsächlich nie bombardiert. Kaltenkirchen lag praktisch ohne Gebäude in offenem Gelände und blieb auch unbehelligt. Selbst als die Engländer im Süden der Elbe bereits vor den Toren Hamburg-Harburgs standen, starteten in Kaltenkirchen noch die natürlich ebenfalls am Boden getarnten Turbinenjäger Me 262 (»Strahlenjäger«) und die Turbinenaufklärer bzw. Schnellbomber Arado Ar 240. Ich habe die »Mistel«-Einheiten von dort nie starten oder landen gesehen, aber die Piloten müssen dort geschult worden sein, denn besonders im dortigen Luftraum absolvierten sie ihre Schulungsflüge. Mein Vater war damals mehrmals im Auftrag des »Reichsfiskus« auch im norddeutschen Raum und berichtete von Zusammenkünften mit höchsten Führungspersonen. Nach seinen Andeutungen ging es noch kurz vor dem Ende der Kampfhandlungen 1945 um einen möglichen Einsatz der Uranbombe von Schleswig-Holstein oder von Dänemark aus. Ich erlaube mir, in diesem Zusammenhang die ungesicherte Vermutung auszusprechen, dass man ganz zum Schluss die »Mistel« noch für einen Kernwaffenangriff improvisiert hatte.

11.
BILDTEIL ZU DEN FLUGZEUGEN

Mistel-Flugzeug

Das »Mistel«-Projekt wurde keinesfalls von vornherein als Verlustgerät für eine ca. 3,8 Tonnen wiegende (konventionelle) Sprengstoff-Hohlladung entwickelt. Die für diesen Zweck ausgemusterten und umgerüsteten Junkers-Ju-88-Kampfflugzeuge waren zwar hochbrisante fliegende Bomben gegen Punktziele am Boden, aber ohne Atomsprengkopf nur eine Verlegenheitslösung, die in keinem Verhältnis zur Wirkung stand.

Bei dem damals gebotenen Entwicklungsstand der Atombombe war man auf deutscher Seite an ganz bestimmte Anwendungsverfahren gebunden. Diese

Anwendungen schränkten einen erfolgreichen Einsatz erheblich ein. Ich habe weiter vorn erläutert, dass die Bombe am Fallschirm abgeworfen werden musste, um 1) die luftdruckabhängige Zündung in einer ganz bestimmten Höhe über dem Erdbodenniveau des angegriffenen Zieles zu gewährleisten und um 2) dem abwerfenden Flugzeug eine ausreichende Fluchtentfernung zu ermöglichen. **Beide Kriterien erweisen sich im Rückblick schon von der Idee her als derart ungewöhnlich, dass sich auch aus dieser Sicht ganz klar erkennen lässt, dass in den USA nicht zufällig die gleichen Gedanken zu gleicher Zeit die ja behauptete eigene Entwicklung bestimmt haben können.** Ich wiederhole noch einmal ausdrücklich, dass die US-Versuchsingenieure in Alamogordo noch keine Kenntnis von der für eine optimale Wirkung rechnerisch erforderlichen Explosionshöhe von ca. 600 Metern über dem Zielniveau hatten. Weil die Amerikaner erst danach die erbeuteten deutschen Bomben unter exakter Anwendung des riskanten und aus heutiger Erkenntnis viel zu umständlichen deutschen Abwurfverfahrens zur Zündung gebracht haben, ist einmal mehr bewiesen, dass es keinesfalls amerikanische Atombomben waren.
Die Massenangriffe der alliierten Terrorbomber waren ab 1944 zu einer Intensität angewachsen, dass ihrer Bekämpfung jede Priorität eingeräumt werden musste. Der Einsatz von Atombomben gegen die Bomberströme war selbstverständlich beabsichtigt und wurde vorrangig erprobt. In Ermangelung eines

damals noch nicht entwickelten, direkt im Ziel ex-
plodierenden Zünders war man auf deutscher Seite
bis zuletzt auf den speziellen Fallschirmabwurf an-
gewiesen. Die Höhenbomber mussten die Bomberpulks also in einer Höhe »überfliegen«, die eine ausreichende Fallzeit der Bombe und damit eine Fluchtentfernung gewährleistete. So, wie es auch der Angriff auf ein Bodenziel erforderte. Dabei waren sicher die Navigationsvorgaben beim Anflug auf das
sich rasch bewegende und seinerseits hoch fliegende
Ziel die schwierigste Bedingung. Als unanfechtbar
logisch erweist sich die Feststellung, dass die deutschen Höhenbomber aus einer etwa doppelten Höhe
der marschierenden Bomberpulks operieren mussten.
Die deutschen Sonderflugzeuge zum Überfliegen der
knapp unterhalb von zehn Kilometern fliegenden
Bomberpulks waren in erster Linie aus der bewähr-
ten, aber damals für einen konventionellen Front-
einsatz bereits veralteten Junkers Ju 86K abgeleitet.
Eine dieser Junkers Ju 86K ist auf Seite 252 (im
unteren Bild) des Buches *Geheime Reichssache* zu
erkennen. (Anm.: Es ist kein Heinkel-Flugzeug, wie
Mayer/Mehner, die beiden Autoren der eben genannten Publikation, vermuteten.) Die Ju 86K bekam eine Druckkabine für die Besatzung, spezielle
Höhenmotoren und eine optisch grotesk vergrößerte Flügelspannweite, um den Auftrieb in der erforderlichen Stratosphärenhöhe sicherzustellen. Das
Flugzeug erhielt die Bezeichnungen Ju 86P und

Ju 86R-1, R-2 und R-3. Sowohl für die Ju 86R-3 als auch für eine weitere Sonderentwicklung, die Henschel Hs 130E, war ein zusätzlicher Flugmotor im Rumpf vorgesehen, der allein die Aufgabe hatte, die dünne Höhenluft vermittels eines gewaltigen Kompressors zu verdichten, damit die beiden Triebwerke und der dritte Motor selbst ausreichend mit Verbrennungsluft versorgt wurden. Diese Spezialausrüstung wurde amtlich (beim Reichsluftfahrtministerium, RLM) als Höhenladerzentrale bzw. HZ bezeichnet. Damit wurde eine Operationshöhe von 17 Kilometern ermöglicht. Es ist heute verständlich, dass die Idee, die Bomberpulks der Alliierten aus großer Höhe anzugreifen, zu spät aufgegriffen wurde. Die auf 32 Meter Spannweite vergrößerte Ju-86-Variante ist aus einer ca. 40 Exemplare betragenden Baureihe entstanden, die bereits als Höhen*aufklärer* über England und Russland eingesetzt war. Die zum entscheidenden Umbau als Höhen*bomber* Ju 86R-3 bereitstehende Ju 86K (siehe oben: Mayer/Mehner) konnte nicht mehr fertiggestellt werden, während von den wenig bekannten Hs 130E immerhin noch vier Maschinen gebaut werden konnten. Dieses Flugzeug war bei Kriegsende der beste Höhenbomber der Welt und hat neben unzähligen weiteren deutschen Spitzenleistungen auf dem Gebiet der Luftfahrt den gesamten Flugzeugbau in Ost und West maßgeblich beeinflusst.
Es ist nie offiziell bestätigt worden, dass alliierte Bomberpulks von deutschen Höhenbombern mit

Oben: Junkers-Ju-86-Schul- und Übungsflugzeug.
Mitte: Die Junkers Ju 86R-1. Unten: Der Höhen-
aufklärer Ju 86P.

Henschel Hs-130E-0

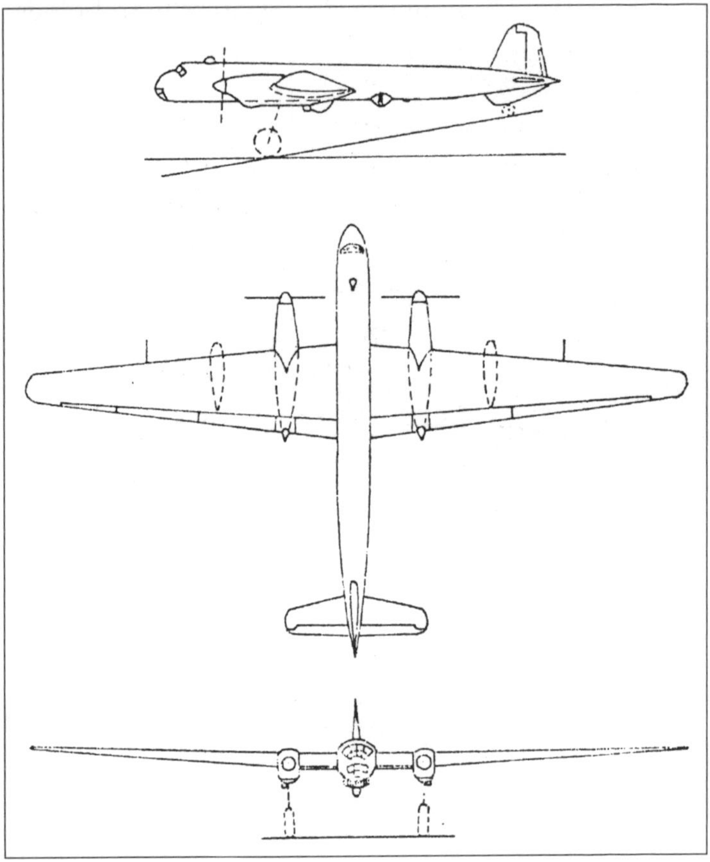

Dreiseitenriss der Henschel Hs 130E

Atomwaffen angegriffen worden sind. Aus meiner persönlichen Erinnerung hatte ich im Text allerdings auf mindestens zwei Ereignisse hingewiesen, die sich im Herbst 1944 und Frühjahr 1945 zugetragen hatten und deren Zeuge ich war (Kapitel 3 und 9).

Der nun folgende Dreiseitenriss zeigt den »Manhattan-Bomber« Messerschmitt Me 264. Aus heutiger Sicht ist die Auslegung der Maschine mit einer Druckkabine für Flüge in der Stratosphäre bemerkenswert. Flugzeugkonstrukteure von heute dürf-

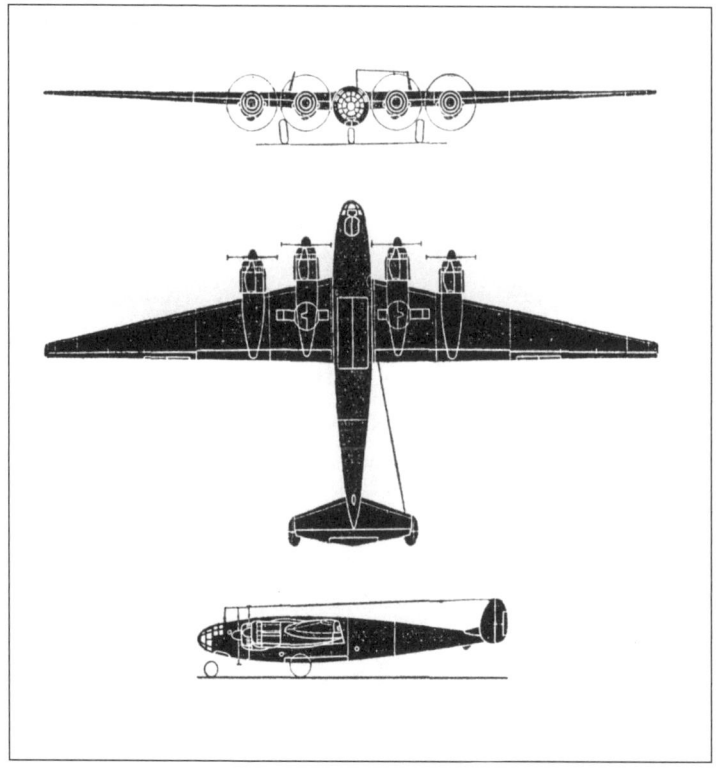

Dreiseitenriss der Messerschmitt Me 264

ten erstaunt sein, dass man bereits damals selbst-
stabilisierende Flugeigenschaften für die geplante,
viele Stunden dauernde Langstrecke ohne Vorhan-
densein eines modernen Autopiloten unserer Tage
berücksichtigte. Das damals bereits bekannte, um
die Längsachse stets in die Horizontallage zurück-
drehende Moment eines unter der Tragflügelober-
seite hängenden Rumpfes (»Schulterdecker«) wurde
selbstverständlich mit einbezogen. Der Massen-
schwerpunkt lag unter dem Auftriebsschwerpunkt.
Die Tragfläche besaß zudem eine ausgeprägt nach
rückwärts gepfeilte Anströmkante, die ein »Gieren«
um die Hochachse zwangsläufig ausglich. Auch das
sogenannte Schiebe-Roll-Moment konnte gezielt reduziert werden – so, wie es heutzutage längst Standard ist. Man spricht in der Fachsprache von einem
kurs- bzw. richtungsstabilen Flugverhalten. Die
knapp 600 Kilometer pro Stunde schnelle Me 264
war ausschließlich als Spezialflugzeug für den Einzel-
einsatz (**Atombomber**) konstruiert worden. Nur
drei Exemplare wurden gebaut.

Ein weiteres Dokument von kaum zu bezweifelnder Aussagekraft ist die Feststellung des *Imperial War Museum* in London, dass, wie es heißt, Germany ein Flugzeug gehabt hat, das den Kriegsverlauf hätte verändern können. Die Deutschen seien aber nicht überzeugt gewesen, dass ein strategisches Bombardieren bedeutsam gewesen wäre. Auf eine Massenfertigung sei deshalb verzichtet worden. – Diese Darstellung widerspricht aber ganz bewusst dem (versteckten) Hinweis, dass für einen entscheidenden Atomangriff schon ein einzelner Fernbomber genügt hätte.

New York Convention and Visitors Bureau

THE "NEW YORK" BOMBER

One of the largest, and least-known, planes produced by Germany during the war was the Messerschmitt Me-264, a four-engine, long-range bomber comparable in size to the Boeing B-29—and designed for an attack on New York.

The Nazis were well aware that a successful bombing of New York would have tremendous propaganda value. In fact, work on the big plane had begun even before the United States entered the war. The Me-264 flew for the first time in December, 1942, but the Allies knew nothing about it until 1944, when they picked up a report that an Me-264 was standing by at Lechfeld airfield to take Hitler to Japan if his rebellious generals gained the upper hand.

An Allied bombing attack on Lechfeld destroyed that Me-264, and another was destroyed during the bombing of a Messerschmitt factory; a third was never finished.

Because the Nazis were not convinced of the value of strategic bombardment, only three Me-264's had gone into production. If the program had been pushed, Germany would have had a plane that could have changed the course of the war. *Imperial War Museum, London.*

Es wurden nie viele Bilder der Messerschmitt Me 264 im Fluge veröffentlicht (siehe auch Seite 135 oben). Bereits 1942 wurden auf Anhieb überragende Flugeigenschaften erzielt. Die bedeutendste Flugleistung war zweifellos die Gesamtflugstrecke von 14 000 Kilometern, die eine Nonstop-Rückkehr zum Startplatz ermöglichte. Die Entfernung zwischen Mitteldeutschland und New York beläuft sich auf 6442 Kilometer. Es wäre also noch eine Reserve von über 1000 Kilometern verfügbar gewesen. Es kann kein Zweifel darüber bestehen, dass die Atombombe und das Flugzeug zunächst annähernd zeitgleich entwickelt worden sind. Die historischen Abläufe ergeben dann allerdings, dass sowohl das Flugzeug als auch die Bomben über zwei Jahre lang in Bereitschaft gehalten wurden. Nach allen Recherchen stand entweder wegen des raschen Vordringens der alliierten Truppen schließlich kein geeignetes Rollfeld mehr zur Verfügung (obwohl die Bomben letztendlich noch immer einsatzfähig bereitlagen), **oder man verzichtete** tatsächlich wegen der unzureichenden Zerstörungswirkung der Bombe (vergleiche verschiedene Textstellen, u. a. Seite 118) oder **sogar aus humanitären (vernünftigen!) Gründen auf den Einsatz,** als ohnehin alles unabwendbar verloren war.

Ein kaum zu überbietender, dramatischer Verlauf, über den offiziell bis in die Gegenwart mit Erfolg der Mantel des Vergessens gebreitet worden ist.

Die Vorderansicht der Me 264 verdeutlicht einige Übereinstimmungen mit der amerikanischen Boeing B 29. Abgesehen von den vergleichbaren Hauptabmessungen der beiden Maschinen waren der Kreisquerschnitt des Rumpfes, sein Durchmesser und auch die Ausbildung der Cockpit-Vollsichtskanzel ähnlich konzipiert. Das große Doppelseitenleitwerk unterschied sich allerdings. Es wurde vom Wind der Innenpropeller beaufschlagt und verbesserte die Kursstabilität des für die besagte Langstrecke ausgelegten Flugzeuges zusätzlich.

Ein Vergleich mit der amerikanischen B 29 *Superfortress* (siehe folgende Seite) lässt demgegenüber

erkennen, dass man deren Neigung zum »Gieren« durch ein gewaltiges Seitenleitwerk stabilisierte, wie man es schon bei dem gegen Deutschland eingesetzten Langstreckenbomber Boeing B 17 *Fortress II* praktiziert hatte. Ohne im Einzelnen auf die technischen Daten der B 29 eingehen zu wollen, sollte

B-29 SUPERFORTRESS

Manufacturer: Boeing   Length: 99 ft.
Wing span: 141 ft. 2 in.   Height: 27 ft. 8 in.   Crew: 11
Speed: 358 mph   Range: over 4,000 mi. with 10,000-lb.
bomb load   Ceiling: 35,000 ft.   Armament: twelve .50-cal.
machine guns or ten machine guns and one 20-mm. cannon.
Bomb load: 20,000 lbs.   Gross weight: up to 140,000 lbs.

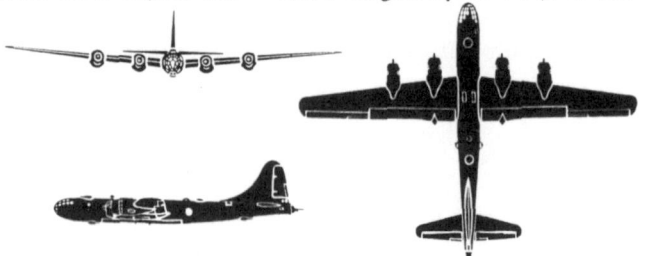

This heavy bomber built by Boeing set a remarkable combat record within four years of the date the original experimental contract was awarded. Boeing delivered the first seven to the AAF in July, 1943, and by August, 1945, the AAF had accepted 3,763 B-29's, had organized 40 groups and deployed 21 of them to bases in the Pacific. The B-29 was the first U.S. bomber to have a pressurized cabin. It also had a central fire-control system and was usually armed with twelve .50-caliber machine guns or ten machine guns and a 20mm. cannon—all mounted in power-driven turrets. The mainstay of the Saipan-based Twentieth Air Force, B-29's participated in the major fire-bomb missions over Japan and in the "A"-bomb mission against Hiroshima and Nagasaki.

vielleicht doch zur Kenntnis gebracht werden, dass dieses Flugzeug es auf eine Reichweite von 4000 Meilen brachte. Diese Leistung lag nur knapp unter der der Messerschmitt Me 264. Wenn eine amerikanische Atombombe tatsächlich bereitgestanden hätte, wäre sogar die Massenfertigung dieser B 29 (über 2700 Stück) vermeidbar gewesen. Amerika hätte sich sämtliche verlustreichen und mit astronomischen Kosten verbundenen Kriegseinsätze in Europa und im Pazifik ersparen können (*müssen!*).

Ein Abwägen der auf Seite 136 aus der Bildbeschreibung zu entnehmenden Argumente rundet die historisch authentischen Ereignisse noch einmal zur kaum zu übersteuernden Beweislage ab: Wenn die USA eine eigene Atombombe kurz *vor* dem Kriegsende in Europa zur Verfügung gehabt hätten, dann wäre wie gesagt die tatsächlich erfolgte Massenproduktion der B 29 für den Pazifikkrieg nicht notwendig gewesen.

Die Boeing B-29 Enola Gay*, die die Atombombe auf Hiroshima abwarf.*

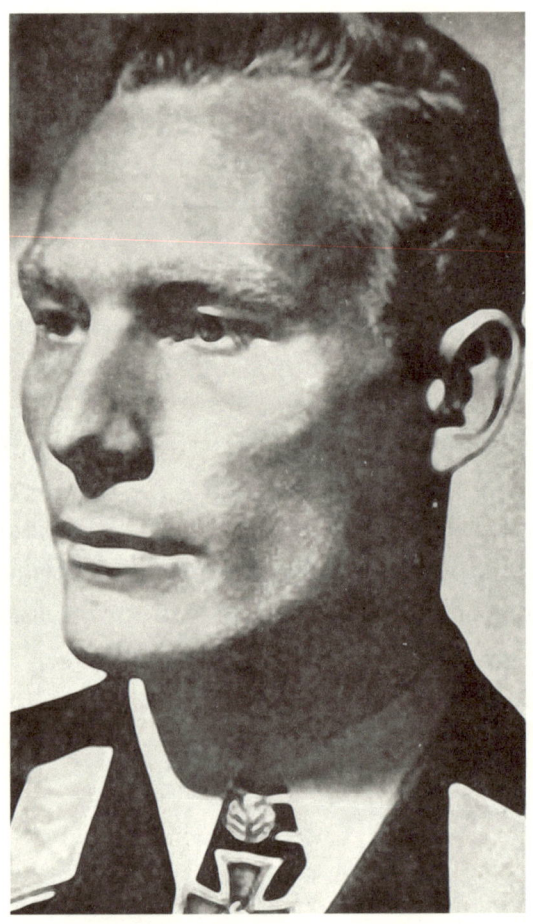

Werner Baumbach war einer der höchsten Offiziere der deutschen Luftwaffe (im Bild noch als Major). Als General der Bomberflotten besaß er bei Kriegsende den Überblick über die gesamte Entwicklung und über sämtliche tatsächlich abgelaufenen Ereignisse innerhalb der Luftwaffe. Nach seiner Gefangennahme wurde er von den Alliierten veranlasst, ein Buch mit Falschdarstellungen herauszugeben.

12.
GEHIRNWÄSCHE MIT LANGZEITWIRKUNG

Der deutsche Fliegergeneral Werner Baumbach war Oberbefehlshaber der Bomberflotten und stand bei Kriegsende bis zur Gefangennahme im Schleswig-Holstein'schen Flensburg-Mürwick im offiziellen Dienst. Seine Position wird in aktuellen Werken wie z. B. im *Großen Lexikon des Zweiten Weltkrieges* abqualifiziert, um sein entscheidendes Wissen und seine Kompetenzen bezüglich der deutschen Atombombe zu verschleiern. So wird er dort lediglich als Oberst der Luftwaffe aufgeführt. Sein eigenes Buch bleibt unerwähnt, weil die darin enthaltenen Widersprüche den Verdacht jedes kritischen Lesers erst anfeuern würden. Es ist eine kategorisch nicht zu bezweifelnde Selbstverständlichkeit, dass er in dieser Position als kommandierender General der gesamten deutschen Bomberflotte besonders innig in die Entwicklungen neuartiger Luftkampfwaffen eingebunden war. Als »Politischer Soldat« hatte er sich das besondere Vertrauen der Reichsregierung erworben und war im Verlauf einer steilen persönlichen Karriere während des Krieges vom Hauptmann bis zum leitenden General aufgestiegen. Er war zwar weder Luftfahrt-Fachhandwerker noch Ingenieur, aber ein hervorragender Flieger, der sich durch ver-

wegene Einsätze alsbald das Ritterkreuz mit Eichen-
laub und Schwertern erwarb. Auf die damalige persönliche Verbindung meines Vaters zumindest zu
Baumbachs Dienststelle hatte ich schon weiter vorn
auf Seite 53 hingewiesen. Seitens Baumbachs bestanden u. a. auch Verbindungen zum Hamburger Gauleiter Karl Kaufmann und mit Sicherheit auch zu
General Hans Kammler. Baumbach war 1945 erst
29 Jahre alt. Dennoch dürfte er einer der wichtigsten
Informationsträger für die Alliierten gewesen sein,
der bezeichnenderweise nur deshalb von der Ankla-
ge des Kriegsverbrechens befreit wurde, weil er für
eine spezielle Aktion »gebraucht« wurde, die alle
jetzt von mir vorgelegten Tatsachen mit Erfolg für
knapp sechs Jahrzehnte vernebelt hat. Diese Aktion
war die Reportage über das *Leben und den Tod der*
(deutschen) *Luftwaffe* in Form eines Buches, das als
deutsche Ausgabe 1949 kaum beachtet wurde, aber
als amerikanische Übersetzung 1960 weltweite Be-
achtung fand, weil es in befriedigender Weise jeden
Gedanken an die Existenz einer deutschen Atombombe zerstreute. Es ist im Rückblick, d. h. aus heutiger Sicht, klar erkennbar, dass der Baumbach bera-
tende amerikanische Historiker Prof. Bruce C. Hopper die entscheidenden Formulierungen geprägt und
in das sodann von den offiziellen Stellen geforderte
Buch eingebracht hat.
Trotz dieser lancierten Aussagen, die unter Baumbachs Namen den Rückstand der deutschen Luftfahrtforschung bestätigen sollten, sind (wie in jedem

authentischen Report) bestimmte vom Fachmann analysierbare Tatsachen ersichtlich, deren Wert vom technisch ungebildeten Leser nicht direkt erkannt werden kann. Wenn allerdings doch, dann bekommt selbst ein solches »Zweckbuch« einen gerade umgekehrt wirkenden Wert. Es gehört damit in die von mir vorgelegte Beweismittelsammlung. Weil jedoch zum Zeitpunkt der ersten Veröffentlichung gerade die Siegermächte noch von den erbeuteten, zum Teil bereits eingeführten, revolutionären Erfindungen und Waffenentwicklungen besonders der deutschen Luftfahrtindustrie überwältigt waren, ließen sich zumeist enthusiastische Presseberichte hauptsächlich in Amerika nicht unterdrücken. So wurde beispielsweise der deutschen Luft-Boden-Rakete Henschel Hs 293 außerordentlicher Respekt gezollt. Sie war auch ein tragendes Thema im Baumbach-Report. Erwähnt wurden auch die nicht zu unterschlagenden Vergeltungswaffen V 1 und V 2. Die von mir erläuterten »Mistel« und die Bomberpulk-»Überflieger« Ju 86R und Henschel Hs 130E wurden dagegen kaum oder gar nicht erwähnt. Man muss das Buch von Werner Baumbach eingehend lesen, wenn man auf die unabsichtlich eingestreuten *technisch bedeutenden* Begebenheiten stoßen will. So enthält der Text die (für mich) überraschende Aussage, dass man sich in Deutschland schon frühzeitig, d. h. bald nach der Kriegserklärung an die USA, darüber klar war, dass an den Aufbau einer gleichwertigen strategischen Bomberflotte im Stil der riesigen amerikanischen Bomberpulks allein schon aus Kapazitätsgründen nicht zu denken war. Deshalb sind auch diverse technisch fortschrittliche viermotorige deutsche Bomberprojekte stets wieder gestoppt und annulliert worden. Hätte nämlich die deutsche Atombombe damals die Erwartungen erfüllt, die man zunächst in ihre Zerstörungswirkung gesetzt hatte, dann hätte ein Angriff auf New York sogar mit einem bereits erprobten Standard-Kampfflugzeug der Typen He 111, Ju 88 oder Do 217 erfolgen können. Die Überraschung besteht nun darin, dass man tatsächlich schon vor 1942 damit experimentierte, diese damals vorhandenen zweimotorigen Kampfflugzeuge auf ihre Eignung für Langstreckenflüge zu untersuchen bzw. für diese Art Unternehmen vorzubereiten und weiterzuentwickeln, z. B. zur Ju 188, Ju 388 oder Do 288. **So wird von Baumbach selbst beschrieben, dass in der deutschen Luftwaffe schon 1942 ein Betanken eines auf Langstrecke fliegenden Kampfflugzeuges, also eines lediglich zweimotorigen mittleren Bombers, von einem Tankflugzeug aus in der Luft entwickelt worden ist.** Dieses Betanken sollte sogar bei Nacht vorgenommen werden. Hier wird klar, dass es bereits damals grundsätzlich um den Transport der Atombombe nach New York ging. Das Verfahren stellt übrigens noch heute die Basis für die Betankung von Flugzeug zu Flugzeug dar, wie es seit Jahren schon Standard z. B. bei der *US Air Force* oder bei der NATO ist. **Ich erlaube mir eine Schlussfolgerung: Aus-**

schließlich die bereits 1938 konzipierte und 1942 fertige, kurz vor der damals nicht bezweifelten Abwurffähigkeit stehende und mit Sicherheit alle bisher bekannten Zerstörungswirkungen weit übertreffende deutsche Atombombe hat die Reichsregierung ermutigt, den Forderungen der verbündeten Japaner zu entsprechen und den USA ebenfalls den Krieg zu erklären.

Ein weiterer ingenieurtechnischer Rückschluss ist mit meinen Recherchen verbunden: Praktisch bis zum letzten Tage des Krieges wurden von der deutschen Luftfahrtforschung fortwährend verbesserte und den alliierten Baumustern technisch überlegene mittlere Bomber (»Kampfflugzeuge«) entwickelt, erprobt und vom RLM zugelassen. Die Gesamtentwicklung des Kriegsverlaufes bot logischerweise keine Chancen mehr für eine etwaige Massenfertigung dieser Flugzeugtypen, sodass man sich die Frage stellen müsste, ob diese kostenintensiven Investitionen nicht eigentlich an eine unvernünftige Vermessenheit grenzten. Die Antwort liegt wiederum in der real vorhandenen deutschen Atombombe. Alle diese Maschinen hatten nur unter dem Aspekt eines *Atomangriffs auch auf näher liegende Ziele* eine Existenzberechtigung als *Einzel*flugzeuge. **Keine dieser technisch richtungweisenden und die »geistige Kriegsbeute« der Alliierten so bemerkenswert bereichernden Maschinen war jemals für eine Massenfertigung vorgesehen. Bis zum Ende verlor man auf deutscher Seite nicht die Hoffnung auf eine**

rechtzeitige Anwendbarkeit der entwickelten Nu-
klearwaffe.

Infolge der erläuterten technischen Unzulänglich-
keiten der deutschen Atombombe zog sich der Krieg
aber in die Länge und gestattete die zwischenzeitli-
che Entwicklung des speziellen deutschen Atombombers Messerschmitt Me 264, der ohne Zwischen-
tanken die erforderliche Flugstrecke schaffte. Laut
Aussage Baumbachs sagte Professor Willy Messerschmitt ihm persönlich zu, jederzeit drei oder vier
dieser Maschinen in seinen privaten Werken herzu-
stellen und einsatzbereit abzuliefern.

Diese von Baumbach kompetent abgehandelten Tatsachen wurden allerdings in seinem Buch mit keinem noch so kleinen Hinweis auf den beabsichtigten
Angriff auf Amerika in Verbindung gebracht. Statt-
dessen wurde vermittels geschickter Formulierungen (Seite 133!) eine vergebliche Entwicklung des
deutschen Fernbombers Me 264 vorgetragen, mit
dem man niemals den alliierten Bomberströmen hätte etwas Vergleichbares entgegensetzen können. Um
es noch einmal zu wiederholen: **Genau dafür war er
ja auch nicht entwickelt worden.** Dass Baumbach
selbstverständlich die Wahrheit wusste, geht aus so
kleinen, vermeintlich beiläufigen Hinweisen hervor,
dass er die von der Me 264 überwindbare Entfernung von Brest bis nach New York und zurück mit
7600 Meilen bzw. einschließlich Reserve mit 9300
Meilen angab und auch die vorgesehene Ausrüstung
der Maschine mit neuen Turbinentriebwerken er-

wähnte. Sein Buch enthält auf Seite 125 schließlich die Behauptung (ich zitiere den amerikanischen Originaltext): »*At that time Germany possessed no weapon of annihilation, such as the atom bomb, with which to conduct that strategic air warfare on the international scale which a promising air offensive against North America would have called for.*« Für diese Aussage erkaufte er sich seine persönliche Freiheit. Er ging nach der Veröffentlichung der amerikanischen Ausgabe seines Buches nach Argentinien, wo er zur aktiven Flugerprobung von Luft-Boden-Raketen veranlasst wurde, in deren Verlauf er im Alter von 36 Jahren abstürzte. Um eine naheliegende Sabotage zu verschleiern, wurde offiziell erklärt, dass er dabei im Rio de la Plata ertrank. Damit war der vermutlich kompetenteste überlebende Wissende auf natürlichem Wege ausgeschaltet (worden).

Diese Darstellung erschien am 7. August 1945 in einer New Yorker Tageszeitung. Sie verdeutlicht, wovor die New Yorker bis dahin Angst gehabt hatten.

13.
DIE PROBLEMATIK DES DEUTSCHEN ABWURFES

Die seit einigen Jahren betriebene Spurensuche konnte (bisher) keine Nachweise von deutschen Atombombentests erbringen. Noch einmal soll hierzu deshalb der Begriff »Ingenieurwissenschaft« strapaziert werden: Selbst die inzwischen (2009) mit hoher Auflösung möglichen Oberflächeninspektionen aus der senkrechten Satellitensicht mittels des im Internet verfügbaren *Google-Earth*-Programmes haben erwartungsgemäß keinerlei Hinweise auf etwa durchgeführte Atombombenversuche in Deutschland ergeben. Dennoch ergeben sich aus den im vorgelegten Erinnerungsbericht erläuterten Zusammenhängen und Schlussfolgerungen klare und technisch-logische Hinweise auf derartige Testzündungen der Bombe. Nachfolgend deshalb einige abschließende Antworten auf diese Fragen.

Die Angriffe auf Hiroshima und Nagasaki waren wissenschaftlich sogenannte »Luftexplosionen«, d. h. **in der Luft** erfolgte Zündungen. Sie haben außer »verbrannter Erde« am Boden keinerlei erkennbare Veränderungen hinterlassen, die später aus der Luft erkennbar gewesen wären. Zeitlich davor liegende *deutsche* Versuche wurden wegen der damals schon vorhandenen Kenntnis der (stets geheim gehaltenen!) radioaktiven Strahlung meines Erachtens weder über Land noch überhaupt jemals in Bodennähe vorgenommen. Die im März 1945 von der Wachsenburg aus beobachteten vermeintlichen Atombombentests bei Ohrdruf dürften sich meiner Meinung nach auf Probezündungen des Triebwerkes der dann am 16. März gestarteten V 3 beziehen. Es ist niemals irgendwo in Deutschland eine Verstrahlung der Landschaft oder Bevölkerung aufgetreten (Hinweis: im Gegensatz zu dem in Alamogordo in Unkenntnis dieser Zusammenhänge durchgeführten bekannten Test eines der deutschen Beutestücke!). **Deutsche Atombombenversuche erfolgten entweder unterirdisch oder über Nord- und Ostsee in großer Höhe,** zuletzt besonders mit dem (zu spät ins Visier genommenen) Ziel, die übermächtigen Bomberströme zu bekämpfen.

Hierzu noch eine Ergänzung: Der Explosionsdruck einer in einigen hundert Metern Höhe über dem Erdboden gezündeten Atombombe verteilt sich wie ein sich rasch blähender Ballon kugelförmig nach allen Seiten. In das entstehende Vakuum strömt die Umgebungsluft schlagartig zurück. Die für eine optimale Druckwirkung erforderliche Explosionshöhe über Grund wird vorher errechnet und genau festgelegt. Dieser Druckstoß ist aber nur ein Teil der freigesetzten Energie. Während die seitliche Druckausbreitung von der umgebenden Luft abgepuffert (eingeschnürt) wird, bewegt sich der nach oben gerichtete Anteil der Energie senkrecht in den (physikalisch bedingt!) nach oben rasch abnehmenden atmosphärischen Luftdruck, in Richtung des geringsten Widerstandes. Es entsteht ein sichtbarer Wolken-»Schlauch«. Erst wenn der Druck in diesem »Lift« bis auf den Druck der umgebenden Atmosphäre (in einigen tausend Metern Höhe) abgenommen hat, breitet sich die Kondensationswolke am oberen Ende des Schlauches seitlich aus, wodurch die typische Atom**pilz**-Konfiguration entsteht. Physikalisch betrachtet entsteht ein derartiger »Pilz« übrigens auch bei sehr starken, konventionellen Explosionen.

Wenn eine Atombombe in großer Höhe, z. B. in der Operationshöhe eines Bomberpulks, explodiert, kommt es nicht zu dieser Schlauch- (Stiel-) Bildung und damit nicht zu einer Pilzform. In großer Höhe entsteht »nur« eine voluminöse »Blumenkohlwolke«, die sich später zerstreut (wie jede meteorologi-

Eine »konventionelle« Explosionswolke steigt vom Boden auf, einen atompilzähnlichen Schlauch bildend (Ploesti, 1. August 1943).

sche Wolke) und austrocknet (wetterbedingt), wie beispielsweise auch die Kondensstreifen der Flugzeuge. Diese natürlichen Bedingungen erklären, **warum ein Nachweis von logischerweise durchgeführten deutschen Höhenversuchen** im Rückblick auszuschließen ist. Erst die künftige Öffnung des »richtigen« Stollens in Thüringen dürfte aber meines Erachtens wenigstens den Nachweis einer Strahlung aus **unterirdischen Versuchen** und damit einen messbaren Beweis erbringen (Seite 55).

Ich verweise nochmals auf das damalige Bombenprinzip, das nur beim Fallschirmabwurf funktionsfähig war: Das Kernstück der Uranbombe war die bereitzustellende »Kritische Masse«, d. h. die *Menge* des spaltbaren Materials, damals Uran 235, das durch ein mechanisches Verfahren (Ultrazentrifuge, z. B. in Haigerloch) von dem etwas schwereren Uran 238 getrennt wurde. Die Kritische Masse beträgt genau 50 Kilogramm. Weniger geht nicht, mehr auch nicht. Die Explosion erfolgt bei genau 50 Kilogramm (vergleiche die Seiten 20 und 22). Es kam darauf an, die zündfähige Masse bzw. Menge bis zum scharfen Einsatz getrennt zu halten (Seite 19), um sie erst im entscheidenden Moment explodieren zu lassen. Ein direkter Anprall an den Erdboden war (noch) nicht vorgesehen, weil die mechanische Verformungsarbeit beim Anprall die empfindlichen Kinematik des Zündmechanismus' zerstört hätte. Die gewaltsame Zerlegung der Uran-Hauptkugel in unkritische Bruchstücke wäre darüber hinaus zu erwarten gewesen (Blindgänger). Die schlagartige Verzögerung beim ruckartigen Öffnen des Fallschirmsystems durfte darüber hinaus kein vorzeitiges Auslösen verursachen. Diese Fallschirmkonstruktion dürfte übrigens die Basis für die späteren, von Dr. Wernher von Braun initiierten ersten amerikanischen Raumfahrtprogramme gebildet haben, mit denen man die bemannten *Apollo*-Kapseln sicher zur Ozeanoberfläche brachte.

Ein Risiko war jegliche Bekämpfung der Bomberströme über dem Reichsgebiet unter dem Aspekt eines Versagens des Fallschirmsystems und eine etwaige Explosion auf eigenem Territorium. Unter Baumbach erfolgten deshalb die zeitweise von meinem Vater beobachteten Abwurferprobungen über der Ostsee, auch mit zweimotorigen Höhenbombern, die in der Luft nachgetankt werden sollten, während sie die Bomberpulks erwarteten (vergleiche die Seiten 127 bis 130 und 142!). Er vertraute mir viele »geheime Reichssachen« an. Ich vermute im Rückblick, dass er und sein militärisches Umfeld ab 1944 bereits erkannt hatten, dass es selbst für einen technologischen Sieg ohnehin zu spät war und dass nach Deutschlands Kapitulation sowieso alles herauskommen würde. Mit der Geheimhaltung seitens der Sieger hat natürlich keiner gerechnet.

Eine geheimnisvolle Testexplosion, die mein Vater 1944 bei Rügen fotografierte. Die offene Ostsee befindet sich in Richtung der Aufnahme hinter den Büschen. Direkt am Ufer herrschte striktes Fotografierverbot. Man erkennt die Kondensstreifen eines Bomberpulks, der einige Minuten zuvor vorbeigezogen ist. Die normalen Wetterwolken liegen weit darunter, wie sich deutlich erkennen lässt.

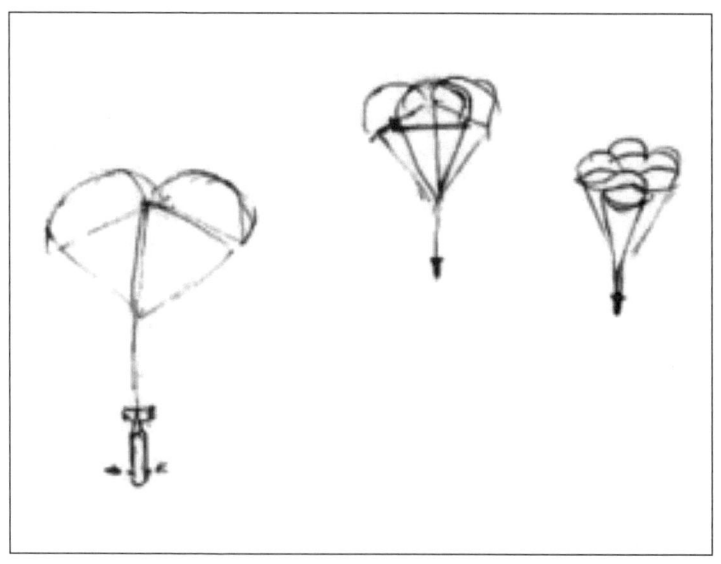

Die ersten Skizzen meines Vaters, an die ich mich auf Seite 25 erinnere.

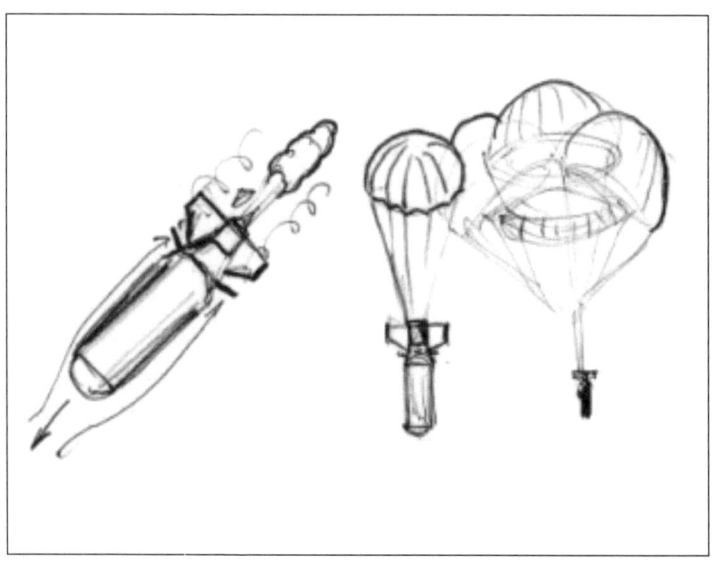

Der nach meinen Recherchen für einen Einzelanflug vorgesehene deutsche Atombomber hätte nach einem Langstreckenflug von weit über zehn Stunden Dauer am Zielort ohne Weiteres auf eine unvorhergesehene Schlechtwetterlage treffen können. Dagegen konnten die amerikanischen Abwürfe nach ungestörter, tagelanger Erkundung der Wetterlage und Sicherstellung einer stabilen Großwetterlage über dem Zielgebiet meteorologisch abgesichert festgelegt werden. Sämtliche Vorbereitungen konnten unter nahezu friedlichen Bedingungen und ohne jede Feindeinwirkung durchgeführt werden. Auf dem Kriegsschauplatz Europa lagen die Verhältnisse im Frühjahr 1945 völlig anders. Ein deutscher Atombombenangriff auf ein wirklich kriegsentscheidendes Ziel wurde damals in Europa, wie schon im Text verdeutlicht, tatsächlich mit Erfolg durch die totale amerikanische Beherrschung des Luftraumes über dem Reichsgebiet verhindert.

Bestimmte Konstruktionsmerkmale blieben unerprobt. Diese waren: 1) Der mechanische Zündapparat mit der konventionellen Pulvertreibladung. 2) Die präzise »Passung« der beiden zunächst getrennten Massenteile. 3) Das Fallschirmsystem aus mehreren Schirmen. 4) Hinzu kamen mögliche Versager des sensiblen luftdruckabhängigen Messfühlersystems, das sowohl mechanische als auch elektrische Funktionen steuerte (das Fallschirmausstoßsystem und die Auslösung der Treibladung in der Zündkanone, d. h. die eigentliche Explosion).

Alle diese unerprobten Risiken wurden seitens der Amerikaner im April 1945 natürlich mit äußerster Skepsis betrachtet. Die damalige Konfrontation mit den Sowjets bot allerdings keine Alternative. **Die Beutestücke mussten** unter besagtem erheblichem Zeitdruck **so, wie sie waren, zwecks Demonstration abgeworfen werden.**
Meine persönliche Überzeugung, dass die damalige deutsche Anwendungstechnologie einen Doppel- oder Mehrfachabwurf aus einem einzeln anfliegenden Flugzeug vorsah, dürfte den Realitäten entsprechen. Das erträgliche Gewicht der ersten Atombomben hätte die Mitnahme von mindestens zwei Exemplaren in der Me 264 (bei 1800 Kilogramm Nutzlast) auf Langstrecke ermöglicht. **Nur dieses geringe Gewicht** erlaubte überhaupt/grundsätzlich die Entwicklung von betriebsfähigen Langstreckenraketen (V 2, A 4, A 9 u. a.) als Atombombenträger, für die aber wie gesagt kein spezielles Zündsystem mehr bereitgestellt werden konnte (das heute in Raketen und Granaten »selbstverständlich« ist).

Spätestens seit der Invasion der Westalliierten am 6. Juni 1944 und der Beherrschung sämtlicher europäischen Kriegsschauplätze durch die angloamerikanischen Luftwaffen dürfte man sich seitens der deutschen Führung völlig darüber klar geworden sein, dass die ursprünglich beabsichtigte Angriffsmethode praktisch nicht mehr durchführbar war. Zusammenfassend sollten die im Einzelnen erläuterten Bedingungen, die unabdingbare Voraussetzung für einen erfolgreichen Abwurf waren, auch vom Leser zu bestätigen sein. Dementsprechend lässt sich aus dieser Gesamtsituation die Frage ableiten, **wie lange die drei betriebsfähig erbeuteten Bomben wohl schon fertig bereitgelegen haben mögen?** Es erweist sich immer deutlicher, dass selbst die Insider-Vorstellung von einer deutschen Atombombe, die nur ganz knapp **hinter** der amerikanischen Entwicklung zurücklag, der Wahrheit **nicht** entsprechen kann. Während der unmittelbar nach dem Kriegsende noch unzensierten Pressefreiheit wurden genau diese Feststellungen in Amerika veröffentlicht (bitte nachlesen auf den Seiten 67 und 73/74). Sowohl die Alamogordo-Testbombe als auch die beiden gegen Japan eingesetzten Atombomben dürften besonders auch deshalb schon **eine geraume Zeit vor** dem Anrücken der Amerikaner in Thüringen in einer Hochsicherheitszone für den beabsichtigten Einsatz bereitgelegen haben, weil nach meiner persönlichen Erinnerung mein Vater seine diesbezüglichen Andeutungen schon ab **Ende 1943** machte.

Es soll auch nicht vergessen werden, dass schon weit vor der dramatischen Endphase in Deutschland an weiteren Projekten gearbeitet wurde, die nur dann einen Sinn ergeben, wenn sie für einen Atombombeneinsatz vorgesehen waren. Weil es praktisch unmöglich war, über einem ausgedehnten Schlachtfeld mit unklar verteilten gegnerischen und eigenen Soldaten aus großer Höhe von einem unbemerkt (!)

einzeln fliegenden Flugzeug eine am Fallschirm hängende Atombombe gegen eine Bodenfläche von vier bis fünf Kilometern Durchmesser einzusetzen, wurde auch auf diese Angriffsmöglichkeit verzichtet. Mit der Entwicklung eines Raketenzünders, der die getrennten Bestandteile der Kritischen Masse in beliebiger Detonationshöhe zusammenführte, ist offensichtlich zu spät begonnen worden. Ein solcher existierte bis Kriegsende weder für die Fernraketen noch für Atomgeschütze oder »Fliegende Bomben« (z. B. »Mistel«).

Unter dem enormen physischen und psychischen Druck der angloamerikanischen »Bomberströme« wurde, wie schon erläutert, verständlicherweise verzweifelt daran gearbeitet, die in größerer Höhe we-

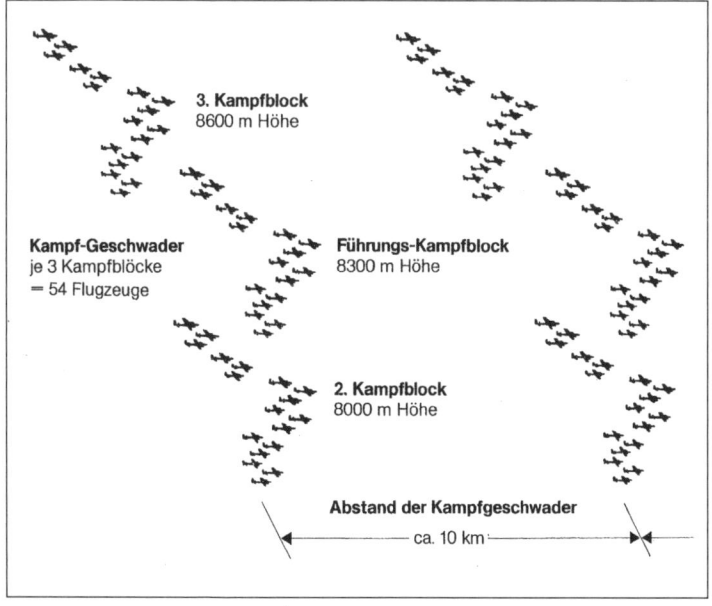

niger stark gedämpfte Luftdruckwirkung gegen die dicht zusammenfliegenden Bomber einzusetzen. Diese »marschierten« auf Langstrecken in maximal zehn Kilometern Flughöhe und schützten sich gegen deutsche Jagdabwehr durch besagten engen Zusammenhalt. Die »Mistel« ist selbst mit einer konventionellen 3,8-Tonnen-Hohlladung und Verzögerungszünder gegen komplette Bomberpulks unzureichend gewesen. Der unermüdliche technische Aufwand ist mit Sicherheit nur im Hinblick auf den angestrebten Einsatz als **Atombombenträger** betrieben worden.

Aus Baumbachs Hinweisen auf die geplante Betankung in der Luft über dem Nordatlantik lässt sich schließlich die Planung ableiten, dass ein etwa New York anfliegender einzelner Atombomber nicht vorher vom Boden oder aus der Luft zerstört wurde. Dazu gehörte meines Erachtens auch die technische Möglichkeit, ein unterwegs aufgetanktes, nur zweimotoriges Höhenflugzeug (mit einem dritten Motor als Höhenladerzentrale und der Bombe im Rumpf) aus z. B. 17 Kilometern (oder noch größerer) Höhe angreifen zu lassen (Seite 129/130).

14.
KONSEQUENZEN

Die aus meinen Erinnerungen gezogenen Schlussfolgerungen haben sich als sachlich korrekt und über-
prüfbar erwiesen. Die von mir frühzeitig nachvoll-
zogenen technischen Zusammenhänge haben sich
als realistische und nicht anders zu praktizierende
Entwicklungsschritte gezeigt. Dabei bildeten ganz
unscheinbare und in ihrer Bedeutung unterschätzte
Fakten das Rückgrat der vorgelegten Beweisführung.
Der amerikanische Griff nach der deutschen Atombombe bestimmte sämtliche militärhistorischen Ereignisse in Europa zumindest seit der Invasion am
6. Juni 1944. Wie schon erwähnt, hat der deutsche
Spitzenwissenschaftler Carl-Friedrich von Weizsäcker in einem – wiederum unscheinbaren und in
seiner Bedeutung unterschätzten – kleinen Büchlein
(siehe dort auf den Seiten 62 und 63) gegenüber
einem prinzipiell weltweiten Leserkreis ausgesagt,
dass die Atombombe für die Wehrmacht entwickelt
worden ist. Professor Otto Hahn und er selbst waren die Erfinder und Urheber. Diese entscheidende
Aussage blieb aus verschiedenen Gründen weltweit
unbeachtet. Etwa im gleichen Zeitraum (1997) kom-
mentierte das amerikanische Wissenschaftsmagazin
Annual Editions einen bedeutenden Beitrag zum
Thema »Atombombe«. Dieser Beitrag wurde von

dem amerikanischen Historiker Professor Robert
James Maddox geschrieben. Der Titel lautet: »The
Biggest Decision: Why we had to Drop the Atomic
Bomb« (zu Deutsch: »Die größte Entscheidung:
Warum wir die Atombombe abwerfen mussten«).
Er erschien bereits 1995 und bildet seitdem den ver-
bindlichen Lehrstoff, der, von der *Pennsylvannia
State University* ausgehend, an die Öffentlichkeit
weitervermittelt wird. Es ergeben sich keine Widersprüche zu meinen persönlichen Feststellungen bis
zu Harry S. Trumans historischem »Release when
ready«. Das heißt nichts anderes, als dass heute bereits als unerschütterliche Wahrheit hingenommen
werden soll (muss), dass die Geschichte der von
Amerika entwickelten Atombombe mit deren Abwurf begann. Die gesamte entscheidende (tatsächliche!) Vorgeschichte wird einfach unterschlagen. Kein
Wort darüber, dass Amerika die ungeheuren Verluste an Menschen und Material eben deshalb nicht
vermeiden konnte, weil es die Bombe noch nicht in
der Hand hatte. Dagegen wird in einer geradezu
peinlichen Beteuerung beschrieben, dass die beiden
Atombomben hätten abgeworfen werden müssen,
weil man eine Invasion des japanischen Mutterlandes vermeiden wollte. Das bedeutet praktisch, dass
man die unmittelbar zuvor durchgeführte Einnahme
von Okinawa, bei der die höchsten Menschen-
verluste seitens der Amerikaner im gesamten Zweiten Weltkrieg zu verzeichnen waren, billigend in
Kauf genommen hat, obwohl die Bombe fertig ent-

wickelt war bzw. ihr Einsatz hätte abgewartet werden können (müssen)! Ich hatte bereits im Textverlauf auf die nicht glaubhaften Widersprüche hingewiesen. Die von Professor Maddox formulierten Rechtfertigungen erweisen sich besonders deshalb als unnötig, weil die Erbeutung der fertigen deutschen Atombomben aus militärischer Sicht als ein Husarenstreich sondergleichen zu betrachten ist. Weil der Abwurf der beiden Bomben die gesamte »Westliche Welt« vor dem Bolschewismus gerettet hat, ist inzwischen trotz aller Zweifel die Unterstellung eines inhumanitären Waffenmissbrauchs auszuschließen. Dieses Resümmee entlastet nicht nur die Vereinigten Staaten, sondern auch das unterlegene Deutschland, das ungewollt den alles entscheidenden Beitrag zu Amerikas größtem Triumph geleistet hat. Genau dieses Statement erweist sich hiermit als Lösung des letzten Geheimnisses zur deutschen Geschichte: die Atombombe – deutsches Schicksal!

Ich möchte abschließend mit folgenden Worten zum Ausdruck bringen, dass es ein Glücksfall war (und ist), dass die USA aus dem Zweiten Weltkrieg letztlich als Siegermacht hervorgingen. Amerika hat durch den aus der Zeitzeugenperspektive geschilderten, entschlossenen militärischen Vorstoß nach Thüringen verhindert, dass die zu dem Zeitpunkt alles entscheidende neue Technologie weder von der deutschen NS-Regierung noch von den Sowjets für weitere Aggressionen eingesetzt werden konnte.

Es ist (aus Sicht der Amerikaner) keine Schande, diese unsere gesamte Biosphäre bedrohende Technologie nicht selbst entwickelt zu haben. Der Zweite Weltkrieg war in erster Linie ein Krieg gegen die Atombombe in falschen Händen.

ANHANG

Eine Erläuterung der wissenschaftlichen Arbeiten, aus denen die Atombombe resultierte

Diese ingenieurtechnisch vereinfachte Interpretation wurde zum besseren Verständnis von mathematischen Beweisführungen freigehalten, die von *den* deutschen Atomphysikern erarbeitet wurden, die an der Entwicklung der weltweit ersten A-Bombe gearbeitet haben.

Die in der Erdkruste, in den Meeren und in der Lufthülle vorkommenden chemischen Elemente lassen sich im natürlichen Vorkommen vom leichtesten (Wasserstoff) bis zum schwersten (Uran 238) auflisten und werden im sogenannten Periodischen System der Elemente zusammengefasst. Darüber hinaus lassen sich künstliche »Transurane« erzeugen, aus

	I	II	III	IV	V	VI	VII	VIII
1	$_1H^{1,008}$							$_2He^{4,00}$
2	$_3Li^{6,9}$	$_4Be^{9,01}$	$_5B^{10,8}$	$_6C^{12,0}$	$_7N^{14,0}$	$_8O^{16,0}$	$_9F^{19,0}$	$_{10}Ne^{20,2}$
3	$_{11}Na^{23,0}$	$_{12}Mg^{24,3}$	$_{13}Al^{27,0}$	$_{14}Si^{28,1}$	$_{15}P^{31,0}$	$_{16}S^{32,1}$	$_{17}Cl^{35,5}$	$_{18}A^{39,9}$
4	$_{19}K^{39,1}$	$_{20}Ca^{40,1}$	$_{21}Sc^{45,0}$	$_{22}Ti^{47,9}$	$_{23}V^{50,9}$	$_{24}Cr^{52,0}$	$_{25}Mn^{54,9}$	$_{26}Fe^{55,8}$ $_{27}Co^{58,9}$ $_{28}Ni^{58,7}$
4	$_{29}Cu^{63,5}$	$_{30}Zn^{65,4}$	$_{31}Ga^{69,7}$	$_{32}Ge^{72,6}$	$_{33}As^{74,9}$	$_{34}Se^{79,0}$	$_{35}Br^{79,9}$	$_{36}Kr^{83,7}$
5	$_{37}Rb^{85,5}$	$_{38}Sr^{87,6}$	$_{39}Y^{88,9}$	$_{40}Zr^{91,2}$	$_{41}Nb^{92,9}$	$_{42}Mo^{96,0}$	$_{43}Tc^{99}$	$_{44}Ru^{101,1}$ $_{45}Rh^{102,9}$ $_{46}Pd^{106,7}$
5	$_{47}Ag^{107,9}$	$_{48}Cd^{112,4}$	$_{49}In^{114,8}$	$_{50}Sn^{118,7}$	$_{51}Sb^{121,8}$	$_{52}Te^{127,6}$	$_{53}J^{126,9}$	$_{54}X^{131,3}$
6	$_{55}Cs^{132,9}$	$_{56}Ba^{137,4}$	$_{57}La^{138,9}$ ‡	$_{72}Hf^{178,6}$	$_{73}Ta^{180,9}$	$_{74}W^{183,9}$	$_{75}Re^{186,2}$	$_{76}Os^{190,2}$ $_{77}Ir^{192,2}$ $_{78}Pt^{195,1}$
6	$_{79}Au^{197,0}$	$_{80}Hg^{200,6}$	$_{81}Tl^{204,4}$	$_{82}Pb^{207,2}$	$_{83}Bi^{209,0}$	$_{84}Po^{210}$	$_{85}At^{210}$	$_{86}Rn^{222}$
7	$_{87}Fr^{223}$	$_{88}Ra^{226,0}$	$_{89}Ac^{227}$	$_{90}Th^{232,1}$	$_{91}Pa^{231}$	$_{92}U^{238,1}$	Transurane: $_{93}Np^{237}$ $_{94}Pu^{242}$ $_{95}Am^{243}$ $_{96}Cm^{245}$ $_{97}Bk^{245}$ $_{98}Cf^{248}$ **	

Seltene Erden
‡ $_{58}Ce^{140,1}$ $_{59}Pr^{140,9}$ $_{60}Nd^{144,3}$ $_{61}Pm^{145}$ $_{62}Sm^{150,4}$ $_{63}Eu^{152,0}$ $_{64}Gd^{157,3}$ $_{65}Tb^{158,9}$ $_{66}Dy^{162,5}$ $_{67}Ho^{164,9}$ $_{68}Er^{167,2}$ $_{69}Tm^{168,9}$ $_{70}Yb^{173,0}$ $_{71}Lu^{175,0}$

denen sich spaltbare Bestandteile wie z. B. Uran 235 und Plutonium 239 abscheiden lassen. Diese bildeten zur Zeit ihrer Entdeckung und körperlichen Erzeugung die ersten Atombomben-Basisbestandteile. Atomkerne und ihre Hüllen bilden die eigentlichen Atome. Der Kern (»nucleus« bzw. Nukleon) besteht grundsätzlich aus bestimmten Paarungen von elektrisch positiv geladenen Protonen und elektrisch neutralen »Neutronen«. Diese von Element zu Element unterschiedlichen Paarungen befinden sich hinsichtlich ihrer Masse stets im Gleichgewicht. Zu jedem Atomkern gehört eine »Hülle«, in der die zum Kern gehörenden Elektronen kreisen. Der Wasserstoff enthält nur ein Elektron. Mit zunehmendem Gewicht eines Elementes steigt die Anzahl der mit Lichtgeschwindigkeit kreisenden Elektronen, die sich gegebenenfalls auch auf mehrere ineinanderliegende Hüllen (Kugelschalen) verteilen. In dieser »Elektronenschale« befindet sich bei einem natürlichen Atom stets die gleiche Anzahl von Elektronen, wie sich Protonen im Kern befinden. Ein natürliches Atom befindet sich damit in einem stabilen, elektrisch neutralen Zustand, der bis zur theoretischen Idee der **Kernspaltung** unangetastet blieb. Atome verschiedenster Elemente können sich untereinander mit Bindearmen zu allen uns bis heute bekannten »chemischen Verbindungen« und deren Molekülen zusammenschließen. Diese Bindekräfte sind ganz generell wesentlich geringer als die Bindungskräfte der Atomkerne, die bis zur theoretischen Erkenntnis einer Kernspaltung (1938) niemand angetastet hatte. Damit wird nebenbei verständlich, warum das Ziel der mittelalterlichen Alchemie, Elemente wie etwa Gold künstlich zu erzeugen, nicht von Erfolg gekrönt sein *konnte*. Nach dem offiziellen heutigen Wissensstand hat sich bis zum Ende der 30er-Jahre des letzten Jahrhunderts jegliche gezielt disponierte Wissenschaft ausschließlich mit den *chemischen* Wechselbeziehungen der Stoffe befasst. Nachdem vor über 110 Jahren der Franzose Henry Becquerel herausfand, dass in der sogenannten Pechblende Uranbestandteile vorkommen, die radioaktive Strahlen aussenden, entdeckten die Forscher Pierre und Marie Curie im Jahre 1903 das Radium. In Deutschland begannen Gruppen von Atomphysikern mit der Erforschung der technischen Anwendbarkeit. Eine grundlegende Entdeckung war, dass sich die Anzahl der Neutronen im Atomkern bei gleich bleibender Protonenanzahl verändern kann. Die folgenschweren Bombengrundlagen wurden 1938 von Prof. Otto Hahn gelegt, der das Uran durch Neutronenbeschuss in Barium und Krypton spaltete. Hahn und Prof. von Weizsäcker »bauten« dann die erste A-Bombe für die Wehrmacht.

Bestimmte Elemente können im Atomkern bei unveränderter Protonenanzahl verschieden viele Neutronen enthalten. Diese Varianten nennt man Isotope. Das Basiselement kann gegebenenfalls mehrere Varianten aufweisen. Am Beispiel des Wasserstoffes lässt sich das am einfachsten erläutern: Der »natürliche« Wasserstoff enthält ein Elektron, der Schwere Wasserstoff (»Schwerwasser«) wird Deuterium genannt und enthält zwei Elektronen, das Tritium nenne ich »überschweres« Wasser. Es enthält drei Elektronen.

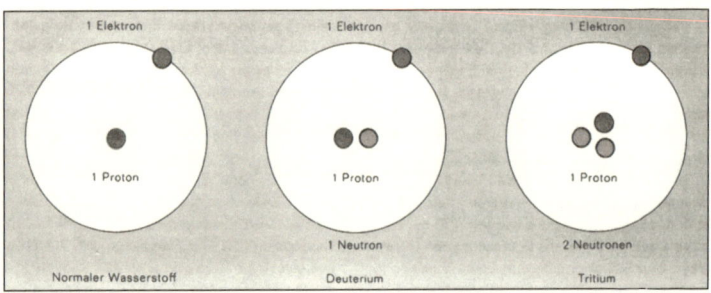

Bemerkenswert an einer natürlichen »Atomkonstruktion« ist, dass der Atomkern 100 000 Mal kleiner ist als der Durchmesser seiner Elektronenschale (Hülle), sodass der Vergleich mit einem Miniatur-Planetensystem durchaus legitim ist. Genau wie im Großen bildet der Atomkern das Zentralgestirn (die »Sonne«) und auch die Hauptmasse jedes Atoms. Ein aus *einem* Nukleon (Proton und Neutron) bestehender Atomkern ist etwa 1850 Mal schwerer als das umkreisende Elektron. Je mehr Nukleone ein Atomkern besitzt, desto schwerer wiegt das Element. Man spricht vom »Atomgewicht«, das von der entsprechenden Anzahl von Nukleonen bestimmt und auch als »Massenzahl« bezeichnet wird. Die ebenfalls im Periodischen System der Elemente ausgewiesene Ordnungszahl ergibt sich aus der Anzahl der Protonen in einem Atomkern.

Einige der gerade erwähnten Isotope sind radioaktiv und senden, gegebenenfalls auch nach ihrer etwa künstlichen Herstellung, harte Alpha-, Beta- und Gammastrahlen aus (ähnlich einer Röntgenröhre). Beim Zerstrahlen verwandelt sich im Atomkern z. B. ein Neutron in ein Proton, wobei ein Elektron und ein weiteres Teilchen (»Neutrino«) ausgesendet werden. Nach einer bestimmten Zeit hat sich die Masse des Isotops auf die Hälfte reduziert (»Halbwertszeit«) und der Vorgang pflanzt sich bis zur völligen Umwandlung oder Auflösung des Isotops innerhalb einer spezifischen (langen) Zeitspanne fort, die vom Menschen praktisch nicht wahrgenommen werden kann.

Die bedeutendste Entdeckung, die bei den Untersuchungen und Berechnungen dieser Zusammenhänge herauskam, bezog sich – vereinfacht interpretiert – auf das Verhalten einiger Transurane, die bei einer künstlichen, in der freien Natur nicht möglichen Konzentration eine »Kritische Masse« (bzw. Menge) bilden müssten. Diese Kritische Masse würde sich beim Erreichen einer geeigneten Konzentration bei einer bestimmten Gestaltung (Kugel!) in Form einer Kettenreaktion selbst zerlegen. **Dabei würde eine Explosion von bisher unbekannter Stärke auftreten, die alle bis dahin bekannten Waffensysteme in ihrer Wirkung weit übertreffen würde. Es ist aus meiner persönlichen Beurteilung der historischen Abläufe nicht zu bezweifeln, dass die Atomphysiker in Deutschland über diese Kennt-**

nisse bereits deutlich vor Beginn des Zweiten Weltkrieges verfügten und dass an diesen (geheimen) Entdeckungen von einem großen Stab von Wissenschaftlern intensiv gearbeitet wurde. Dass diese Erkenntnisse nach dem verlorenen Krieg nicht öffentlich bekannt wurden, lag an den auf deutscher Seite bis zum letzten Tag offiziell unter Verschluss gehaltenen Programmen und an der sich »nahtlos« daran anschließenden Geheimhaltung seitens der Alliierten. Hinzu kommt, dass die in Farm Hall »abgehörten« (!) deutschen Spezialisten unter dem Eindruck der rücksichtslosen Bestrafung der Kriegsverbrechen durch die Alliierten standen. Sie werden sich nach meiner persönlichen Ansicht zurückgehalten haben, was sie selbst belastende Gespräche betraf. Unter diesem Aspekt ist der Befund der westlichen Siegermächte »Sie haben nichts gewusst« natürlich wertlos.

Erstaunlich ist, dass es bei dem Riesen-Forschungsumfang der A-Bomben-Technologie(n) bis heute nicht gelang, das Wesen der atomaren Bindekräfte zu ermitteln und zu definieren, so wie es bis in die Gegenwart mit der ebenfalls unerklärbaren Gravitation vergleichbar ist. Trotz der unerklärbaren »Funktion« der atomaren Kernkräfte haben die Atomphysiker z. B. schon damals auf theoretisch-mathematischem Wege den Energiebetrag ermittelt, der aufgewendet werden muss, um *ein* Nukleon aus einem Kern mit vielen Nukleonen zu entfernen, sowie umgekehrt die Freisetzung dieses Energiebetrages, wenn

ein (das) Nukleon wieder in den Kern eingebaut
wird. Entscheidend war aber der Schritt, der zur
Ermittlung des Energiebetrages führte, der freigesetzt wird, wenn ein Nukleon, also ein Atomkern,
durch Spaltung zerlegt wird. Die größten Bindungskräfte zwischen den Protonen und Neutronen eines
Atomkerns weisen die Elemente mit der Massenzahl
A auf, die um den Wert A = 60 liegen, z. B. Kobalt.
Es hat sich dessen ungeachtet aber ergeben, dass sich
das Uran U 238, das unter anderem nach der Besetzung der damaligen Tschechoslowakei ab etwa 1939/
1940 aus der Pechblende gewonnen werden konnte,
sich zur Abscheidung des für eine Spaltung und
Kettenreaktion benutzbaren U 235 eignete. Die verschiedenen Verfahren sind inzwischen und im Prinzip weltweit bekannt. Damals waren natürlich die
alsbald in Deutschland arbeitenden Anlagen und vor
allem auch ihr Zweck hochgeheim. Schon damals
konnte auch der Energiegewinn bei der Explosion
einer Uranbombe errechnet werden. Diese (hier ver-
einfachten) Berechnungen sahen etwa folgenderma-
ßen aus:

Die ruhende Bindeenergie pro Uran-Nukleon
beträgt rund 7,5 MeV;
dabei bedeutet ein MeV = eine Million
Elektronenvolt;
die Bindeenergie der Spaltprodukte, in die sich
ein Uran-Nukleon zerlegt, beträgt 8,35 MeV;
durch die Spaltung wird also ein Energie-

überschuss von 8,35 − 7,5 = 0,85 pro
Nukleon frei.
Aus dem Periodischen System der Elemente
entnimmt man die Anzahl der in einem Urankern
enthaltenen Nukleonen. Es sind 235 beim spaltbaren U235. Es ergibt sich ein Energiegewinn
von 235 x 0,85 = 200 MeV.

Der nächste Schritt war die Ermittlung der Explosionsenergie für eine Uranspaltbombe, d. h. für die
weltweit ersten überhaupt einsatzfähigen Atombomben, die dann als Waffe für die Wehrmacht gebaut,
für geraume Zeit bereitgelegt und am Ende von dem
amerikanischen Spezialverband unter General Leslie
Groves betriebsfähig erbeutet wurden.
Ohne auf die komplizierten mathematischen For-
meln einzugehen, lässt sich die schließlich erzielte
Technologie von ihrer Funktion her erläutern.
Grundsätzlich war klar, dass man nicht einfach eine
beliebige Menge Uran 235 zu einer Spaltung veran-
lassen könnte. Ausschließlich durch die Kettenreaktion einer **bestimmten** Menge, der »Kritischen Masse«, konnte eine als Waffe zu gebrauchende Atombombe »entzündet« werden. Hierfür wurde eine bestimmte Menge von zunächst Uran 235 benötigt. Es
ergab sich, dass bei der Spaltung **eines Kilogramms
U 235** eine Energiemenge in Höhe von etwa 20 000
Kilogramm des konventionellen, pyrotechnischen
Sprengstoffes TNT (Trinitrotoluol) freigesetzt würde. Aber erst 30 Kilogramm einer zudem noch tech-

nisch in eine ideale Kugelform gebrachte Masse von *chemisch* reinstem U 235 würde eine Kettenreaktion auslösen. Diese Kugel hätte einen körperlichen Durchmesser von nur knapp acht Zentimetern besessen. Tatsächlich ergab sich dann eine Masse von 50 Kilogramm *technisch* reinem U 235, die vermutlich zusätzlich noch mit einem Neutronenreflektor in Form einer Kugelschale umgeben wurde. Wie schon vorne beschrieben, musste diese Kritische Masse bis zur Explosion in zwei körperlich voneinander getrennte Hälften oder ungleich große Teilstücke geteilt bleiben. Diese 50 Kilogramm erbrachten dann die bis dahin unvorstellbare Explosionsenergie, die in der »Praxis« bei allen drei von den USA gezündeten deutschen Beutebomben von Prof. Robert Oppenheimer auf 20 000 Tonnen (entsprechend 20 KT »TNT«) geschätzt wurde. Die selbsttätige, automatische Kettenreaktion innerhalb einer *deshalb* als kritisch bezeichneten, kugelförmigen Masse kann allerdings nur ablaufen, wenn innerhalb dieser Kugel jedes aus dem radioaktiven Spaltmaterial entweichende Neutron durch mindestens **ein** neues, bei der Kernspaltung entstehendes Neutron ersetzt wird. In dem Augenblick, wo innerhalb der Kritischen Masse mehr Neutronen durch die anlaufende Kernspaltung entstehen, als durch die Kugeloberfläche entweichen, wird die Anordnung »überkritisch« und die Kernspaltung läuft automatisch bis zur vollständigen Umwandlung der Urankugel ab. Bereits diese letzten Sätze dürfen ruhig mehrmals gelesen wer-

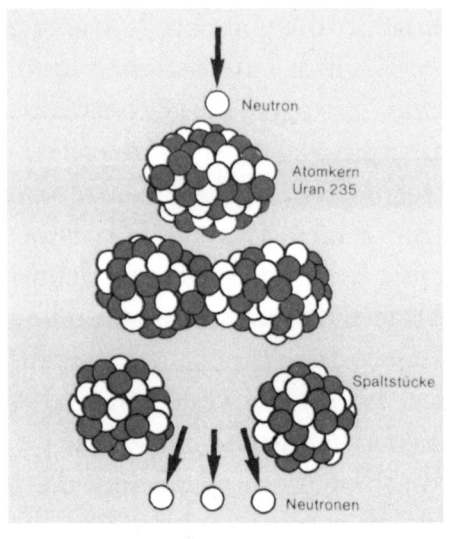

den. Sie betreffen genau die entscheidende Entdeckung und damit die Erfindung der Atombombe.

Das Verständnis des Lesers wird aber noch mehr strapaziert, wenn er erfährt, dass sich die Anzahl der durch den Spaltprozess entstehenden Neutronen proportional zum Kugelvolumen verhält. Die Atomphysiker leiteten daraus ab, dass sich aus dem Verhältnis der Anzahl der entweichenden Neutronen zur Gesamtanzahl der durch die Spaltung entstehenden Neutronen der sogenannte »relative Neutronenverlust« berechnen und beurteilen lässt. Ich will versuchen, diese geistigen Höchstleistungen verständlich zu erläutern. Dieser relative Neutronenverlust verringert sich mit wachsendem Volumen der spaltbaren Kritischen Masse, weil sich das Verhältnis Kugeloberfläche zu Kugelvolumen verkleinert. Im Klartext: Ist die Kugel zu klein, dann bleibt die Uranmasse unterkritisch. Hat sie gerade ihre errechnete Größe, die sich ja aus der ermittelten erforderlichen Uranmasse ergibt, dann explodiert die Kugel. Allerdings nur, wenn die durch die Oberfläche entweichende Neutronenmenge nicht plötzlich zu groß wird. Würde sich die Kugeloberfläche beispielsweise durch Wärme- oder Druckzuwachs im Inneren vergrößern, dann würde die Fortpflanzung der Kettenreaktion nicht anlaufen. Die Explosion würde zusammenbrechen, weil zu viele Neutronen entweichen würden. Bei diesen Betrachtungen bekommt man ein Bild von der enormen theoretischen Arbeit, die bis zur Abstimmung des Reinheitsgrades des U 235 auf die sich daraus ergebende Kugelgröße führte. Deshalb kann eine Atombombe, die ja in der Praxis nicht ohne Probezündung auf ihre Funktion getestet werden kann, lediglich errechnet und nicht durch empirische Versuchsreihen ermittelt werden. Waren aber schließlich alle erforderlichen technisch-mechanischen Bauteile für eine Waffe konstruktiv festgelegt, dann bot deren strukturelle, handwerkliche Herstellung weniger Probleme, als vermutet wird. Die ersten Uranbomben wurden in den unterirdischen Stollen in Mitteldeutschland gefertigt – dort, wo sie erbeutet worden sind. An dieser Stelle wird noch einmal der durch den Einsatz eines Neutronenreflektors erzielte Sicherheitsfaktor gegen ein etwaiges Versagen der Bombe angesprochen: Das empfindliche Reflektormaterial durfte weder beim Transport noch beim Abwurf zerstört oder beschädigt werden. Die Uranbombe musste mit äußerster Behutsamkeit transportiert werden, wenn sie nicht als »Blindgänger« enden sollte.

Es ist absolut unglaubwürdig, dass diese damals

(noch nie zuvor!) entwickelten Erkenntnisse und Berechnungen zur praktischen Realisation einer Atombombe an zwei räumlich weit voneinander entfernten Orten auf dem Globus zufällig auch noch gleichzeitig und dann noch mit praktisch identischen Ergebnissen abgelaufen sein sollen – zudem noch unabhängig voneinander und angeblich ohne gegenseitiges Wissen. Alle berichteten Abläufe belehren uns eines Besseren.

Die ersten deutschen Atombomben wiesen einige mit Sicherheit unerwartete Nachteile auf, die nicht errechnet werden konnten und die deutsche Führung dann, als ihr Einsatz zwingend wurde, vor unlösbare Probleme stellte. Einige den Abwurf betreffende Schwierigkeiten habe ich vorne im Text mehrfach angesprochen. Der Hauptnachteil blieb aber die enttäuschende »Zerstörungsleistung«, die hier noch einmal weiter präzisiert werden soll: Im Vergleich zu einer von einem Bomberpulk gleichmäßig über eine angegriffene Bodenfläche verteilte Energiemenge von 20 KT in Form konventioneller TNT-Sprengbomben konnte mit der identischen Energiefreisetzung einer Atomexplosion lediglich eine deutlich kleinere Fläche, diese dann allerdings »über«-zerstört werden. Die deutschen Erfinder versuchten, wie ich im Detail weiter vorn im Buch erläutert habe, diesen Nachteil durch eine Explosion in größerer Höhe über dem Ziel zu kompensieren, und entwickelten die ebenfalls vorne beschriebene »Luftexplosion« am Fallschirm. Als bereits alles verloren war, wurde noch gegen Kriegsende auf deutscher Seite fieberhaft daran gearbeitet, die Atombombe mit einem geänderten Zündmechanismus durch eine Großrakete (V2, A4, A9) ins Ziel zu bringen. Man erarbeitete zwar möglicherweise auch noch die Grundlagen für die Schaffung »kleiner« Atombomben, deren Kritische Masse durch verfeinerte Neutronenreflektoren verringert werden sollte. Die Folge war schließlich (bis zum heutigen Tag) die Entwicklung von Atomgranaten und sogenannten »Baby-« und »Kofferbomben«, deren vermutete etwaige Fertigstellung noch während des Zweiten Weltkrieges auf deutscher Seite sich allerdings meiner persönlichen Kenntnis entzieht. Bekannt ist, dass auch noch an dem schon erwähnten **Implosionsprinzip** gearbeitet worden ist, bei dem die als Kugelschale (Hohlkugel) angeordnete Kritische Masse im Augenblick der gewünschten Zündung durch einen besonderen technischen Mechanismus zunächst nach innen aufeinandergeschossen, also konzentriert wird (implodiert), dann allerdings durch Kernspaltung (siehe oben) explodiert.

Die Interpretationen können nicht abgeschlossen werden, ohne auf das physikalisch völlig unterschiedliche Prinzip der **Fusionsbomben** einzugehen. Weil das deutsche Interesse an den Schwerwasseranlagen in Norwegen hinreichend bekannt ist, gehe ich persönlich davon aus, dass auch das gesamte Know-how für die Herstellung von Wasserstoffbomben von den Amerikanern erbeutet worden ist.

Die Entwicklung/Realisierung einer Wasserstoffbombe ist übrigens ohne den Vorbesitz einer funk-
tionierenden Uranbombe technisch nicht möglich.
Die Interpretation der »Fusion« ist verhältnismäßig
einfach. Für den Leser ist es empfehlenswert, sich an
die drei Aggregatzustände aller chemischen Elemente, Gemenge und molekularen Verbindungen zu erinnern: Jeder irdische Stoff ist in Abhängigkeit von
der Temperatur entweder fest, flüssig oder gasför-
mig. Während die in einem festen Stoff ruhig beiein-
anderliegenden Atome nahezu oder absolut unbe-
weglich sind, fangen sie bei steigender Temperatur
an, sich gegeneinander zu bewegen. Der Zusammenhang wird gelöst, wenn der Schmelzpunkt erreicht
wird. Der Stoff vergast bzw. verdampft, wenn sich
die Atome vollständig voneinander trennen und aus
dem Volumen entweichen. Bei ganz hohen Temperaturen, wie beispielsweise auf der Sonne, nähern
sich die Atomkerne einander mit einer immer grö-
ßeren kinetischen Energie, wobei schließlich die
Elektronenschalen deformiert oder zerstört werden:
Die Atomkerne berühren sich und verschmelzen in
einer sogenannten »thermonuklearen Reaktion« mit-
einander. Die bis dahin vorhandene Bindungsener-
gie zweier Elektronenschalen verringert sich, weil
sich durch die Verschmelzung der beiden Atomkerne der Gesamtaufbau zu nunmehr *einer* Elektronenschale reorganisiert. Der Energieüberschuss pro Nukleon ist etwa drei Mal so groß wie die freigesetzte
Energie bei einer *Kernspaltung*. Alle einzelnen

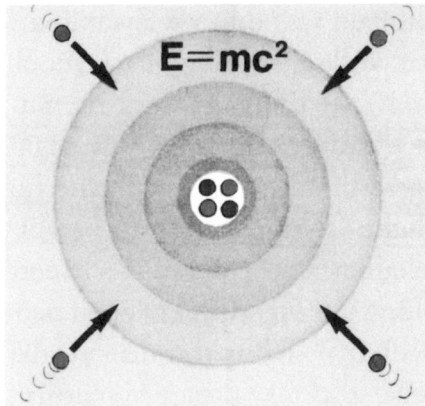

Verschmelzungs-
vorgänge summie-
ren sich zu einer
gewaltigen Deto-
nation.
Die effektivste Fu-
sionsbombe dieser
Bauart ist die Was-
serstoffbombe,
weil die Bindungs-
kräfte der leichten Elemente technisch am einfachsten zu trennen sind. In der Praxis werden auch hier
die Isotope des Wasserstoffs benutzt: Das zwei-
atomige »Schwerwasser« (Deuterium) kann dabei
paarweise verschmelzen (»fusionieren«), wobei das
stabile Helium-Edelgas entsteht, oder man lässt eine
(molekulare) Schwerwasserverbindung von Deuterium und Lithium (Deuterid genannt) mit »purem«
Deuterium verschmelzen. Weil die Fusion nur mit
einer Uran- oder Plutoniumspaltbombe gezündet
werden kann, reagieren deren Neutronen mit dem
gerade freigesetzten Lithium und erzeugen das drei-
atomige Wasserstoffisotop Tritium, das während des
Gesamtablaufes seinerseits in Sekundenbruchteilen
mit weiteren Schwerwassernukleonen fusioniert. Die
freigesetzten energiereichen Neutronen verschmelzen mit dem (noch) »unbenutzten« Lithium. Bis zu
dieser Bombenbauart entsteht als Endprodukt nur
Helium, sodass außer freiwerdenden Neutronen
praktisch keine Radioaktivität entsteht. Der stets mit

technischen Entwicklungen verbundene Zwang, die Wirkung verstärken zu wollen, um eine Bombe noch wirksamer zu machen, führte später zu der Erkenntnis, dass der gesamte Fusionsvorgang (»Propagation«) sich nur so lange aufrechterhält, wie eine für die Fusion erforderliche Temperatur »nachgefördert« oder zurückgehalten wird, z. B. durch eine technische Ummantelung der Fusionsmasse mit dem schweren Element Kobalt (»Kobaltbombe«) oder mit dem normalerweise nicht spaltbaren »natürlichen« Uran 238. Diese Weiterentwicklung wird also mit einer U-235-Spaltbombe gezündet, die eine thermische Reaktion der Wasserstoffbomben-Sprengstoffe gestattet, deren Temperaturabstrahlung durch den besagten Schwermetallmantel so lange zurückgehalten wird, bis der Mantel selbst in eine Kernspaltungs-Kettenreaktion gerät. Unter diesen (und nur diesen) Bedingungen spaltet sich also selbst das normalerweise stabile U 238. Diese Art Superbombe erzeugt wieder große Mengen radioaktiver Spaltprodukte und wird als »Schmutzige Bombe« bezeichnet.

Nach dem Abwurf der ersten Atombomben haben dann prominente amerikanische bzw. nach Amerika emigrierte Atomphysiker die schon auf deutscher Seite befürchtete Gefahr einer »Luftverbrennung« durch eine sich selbst aufrechterhaltende, paarweise Fusion (»Propagation«) der atmosphärischen Stickstoffnukleonen wissenschaftlich analysiert. In dem erst spät (1979!) revidierten Geheimdokument

Nr. 602 des *Los Alamos National Laboratory* wird zwar grundsätzlich beteuert, dass diese Befürchtungen unbegründet sind. Es wird aber in der Revision nicht mehr auf die von Prof. Edward Teller angezeigte Sandentstehung eingegangen, die eine Folge der Stickstofffusion sein würde, weil sich der Stickstoff dabei zu Silizium umwandelt, entsprechend 7N14 + 7N14 = 14Si28. Das entstehende Silizium würde sich, möglicherweise in einer Kettenreaktion, mit dem Luftsauerstoff zu Sandkörnern (SiO_2) verbinden, der in unvorstellbaren Mengen vom Himmel regnen würde. Die gesamte Abhandlung dürfte der sogenannten »geistigen« Kriegsbeute entstammen, denn nicht einmal in der zurück-recherchierten (»Re-Review«) Abhandlung 602 ist die deutsche Wortprägung **Bremsstrahlung** durch einen amerikanischen Fachausdruck ersetzt worden.

Hiermit möchte ich den meine Erinnerungen ergänzenden theoretischen Anhang abschließen.

BIBLIOGRAFIE

a) Amerikanische Dokumente

Memorandum for the Secretary of War vom 23. April 1945 (TOP SECRET, Status aufgehoben), »Atomic Fission Bombs«.

SKYWAYS, Ausgabe November 1945, 444 Madison Avenue, New York 22, zwei Beiträge: »Air-Warfare Review« (»Even before atomic bomb, Japs were strategically defeated«, Autor: Hanson W. Baldwin), sowie: »Surrender to air power« (Part 1: »Air Strategy in World War II«, Autor: A. R. Hager).

AIR World, Ausgabe Januar 1946, **Military,** »Swan Song of the Luftwaffe«, Autor: Lucien Zacharoff.

The Smithsonian Institution, The National Aeronautical Collections, Ninth Edition, 1956, Publication 4255, »The United States Airforce«, Baltimore, MD, USA.

The War in the Air, A pictorial history of World War II Air Forces in Combat, Autoren: Major Gene Gurney, USAF, Counter Intelligence Special Agent and Deputy Chief, Office of Information of the Airforce, Chantilly Va., USA, und General Curtis E.

LeMay, MCMLXII; Library of Congress Catalogue Card number: 62-11809.

PICTURAL HISTORY of the SECOND WORLD WAR, Your Airforce in Action, Volume 7, New York 1949, überwieg. Bildquelle.

»**IGNITION OF THE ATMOSPHERE WITH NUCLEAR BOMBS**« (Edward Teller, 28. März 1946).

NEWS CHRONICLE **vom 21. Februar 1946** betref. die wissenschaftliche Kriegsbeute.

Allgemeine Zeitung, Hrsg.: Verlag der Amerikanischen Armee, Nr. 1, 1. Jahrgang, vom 8. August 1945, für die Bevölkerung Berlins.

The Life and Death of the Luftwaffe, Werner Baumbach, Ballantin Books, New York 10003, 1960. Library of Congress Catalog 60-11283 (ID/Card Number).

Tageszeitungen der amerikanischen *Members of the North American Newspaper Alliance* (kriegsbedingter Zusammenschluss), deren nachstehende Ausgaben für die vorliegenden Recherchen ausgewertet wurden (die Originale liegen dem Autor vor):
Daily News, NY, Vol. 26, No. 83 vom 29. September 1944;

Daily News, NY, Vol. 26, No. 225 vom 14. März 1945;
Daily News, NY, Vol. 26, No. 254 vom 17. April 1945;
Daily News, NY, Vol. 26, No. 255 vom 18. April 1945;
The Scranton Times, Pennsylvannia, vom 15. August 1945.

The Imperial War Museum, London, betref. Manhattan-Bomber, S. 91.

b) Deutsche Dokumente/Literatur

Das Geheimnis der deutschen Atombombe, ISBN 3-930219-30-6.
Die Atombombe und das Dritte Reich, ISBN 3-930219-50-6.
Geheime Reichssache, ISBN 930219-90-5, Autoren: Edgar Mayer und Thomas Mehner (alle drei Bücher erschienen im Kopp Verlag).

Hitlers Bombe, Dr. Rainer Karlsch, DVA, München 2005.

Heisenbergs Krieg (deutsche Übersetzung), Thomas Powers, ISBN 3-455-08479-6.

Operation Epsilon, Hrsg. Dieter Hofmann, ISBN 3-87134-082-0.

Der Große Wendig, Grabert-Verlag, 2006, ISBN 3-87847-230-7.

Die letzten Schlachten im Norden, Video (VHS), Nr. H 153 (Heitz & Höffkes).

Die Undschuld der Physiker?, ISBN 3-85842-142-1, Carl Friedrich von Weizsäcker in einem Gespräch mit Erwin Koller, Pendo.

»Hiroshima«, *Der Spiegel*, Nr. 30/1995 und »**Die Kräfte des Allmächtigen**«, *Der Spiegel*, Nr. 31/2005.

Forschungsbericht der PTB (Physikalisch-Technischen Bundesanstalt), Braunschweig, Februar 2006.

Kernexplosionen und ihre Wirkung, Prof. C. F. v. Weizsäcker, Autoren Demming, Harmsen und Saur, Fischer-Verlag, 1961.

Das große Lexikon des Zweiten Weltkrieges, Hrsg. Zentner/Bedürftig, ISBN 3-89350-559-8, Südwest Verlag, 1993.

Hamburger Abendblatt, 21./22. Juni 2008, Artikel: »Israel probt Angriff auf Irans Atomanlagen«.

Liste der namentlich aufgeführten/genannten Personen/Institutionen

Baldwin, Hanson W.; US-Redakteur
Baumbach, Werner; Deutscher General
Bielfeldt, Bruno; US-Zeitzeuge
Boeing-Flugzeugwerke; USA
B-ungenannt-
Brüchmann, Wilhelm; Deutscher Offizier
Brüchmann, Peter; Autor
Brunzel, Ulrich; Autor
Dix, Howard; ALSOS-Offizier, USA
Dupui, Trevor Nevitt; US-Redakteur
Einstein, Prof. Dr. Albert; Physiker, USA
Focke-Wulf; Flugzeugwerk, Deutschland
Glenn-Martin; US-Flugzeugwerk
Groves, Lesley; General, ALSOS, USA
Hager, A. R.; US-Berichterstatter
Heinkel-Flugzeugwerke; Deutschland
Heitz & Höffkes; Videovertrieb, BRD
Henschel-Flugzeugwerk; Deutschland
Hoffmann, Dieter; Autor
Hopper, Prof. Bruce C.; USA
Junkers-Flugzeugwerke; Deutschland
Kammler, Dr. Hans; Deutscher General und
        SS-Obergruppenführer
Karlsch, Dr. Rainer; Autor

Der Autor (links) im Gespräch mit dem ehemaligen B-29-Flieger und späterem Farmer John A. Leith im Herbst 2003 in Schoharie, Upstate, US-Bundesstaat NewYork (siehe auch Seite 97 im Text).

Der Autor im Cockpit eines Tagbombers der amerikanischen Air Force des Zweiten Weltkrieges, einer der letzten noch flugfähigen Boenig B 17G Flying Fortress II. Die Aufnahme entstand im Jahre 2005 auf dem Flugplatz von Sidney im Staat New York, von wo aus PR-Demonstrationsflüge für ein lokales Luftfahrtmuseum erfolgten.

Dieser amerikanische Original-Jeep Willys Overland Type MB *befindet sich seit über 35 Jahren im Besitz des Autors. Das unrestaurierte Fahrzeug, Baujahr – laut Behörden-Zuweisung – 1943, nach »US Military Vehicles Production List« im Februar/März 1945, könnte den Raid auf die Atombombe im April 1945 mitgemacht haben. Es ist – seit seiner Zulassung 1975 – stets angemeldet und fahrbereit (Foto Juni 2008).*

DER AUTOR

Peter Brüchmann, geboren 1931. Ingenieurstudium. Preisträger (Team) »*Das Auto von morgen*« der Technischen Hochschule Karlsruhe 1957. Seit 1958 Ordentliches Mitglied im *Verein Deutscher Ingenieure* VDI. Konstrukteur, Versuchsingenieur und Technischer Lehringenieur in der Automobilindustrie sowie in der militärischen und zivilen Luftfahrt (Europa und USA). Rund 20 Jahre lang als Dipl.-Ing./ Fachbereichsleiter an der Technischen Schule LTT *Lufthansa Technical Training* und anschließend im PR-Bereich bei der Deutschen Lufthansa eingesetzt. Links im Bild (Seite 190) beim 1987 stattfindenden Besuch des historischen US-Schlachtschiffes *Missouri* in Bremerton im Puget Sound bei Seattle, dem Stammsitz der *Boeing*-Flugzeugwerke in den USA. Autor verschiedener Beiträge in internationalen Fachzeitschriften und technischen Magazinen sowie Mitautor in den *Grundlagen der Luftfahrzeugtechnik* im Rahmen eines Forschungsauftrages des Bundesministers für Verkehr bzw. des LBA (Luftfahrt-Bundesamtes): *Band 1: Allgemeine Luftfahrttechnik*, ISBN 3-88585-000-1 (1990) und *Band 2: Flugwerk*, ISBN 3-88585-001-X (1992). Mitautor im Berufsschulbuch (Rev. 2007) *Technologie des Flugzeuges*, ISBN 3-88064-159-5. Freier Mitarbeiter und ordentliches Mitglied in der EFODON e. V.

(Europäische Gesellschaft für frühgeschichtliche Technologie und Randgebiete der Wissenschaft) mit ihrem Publikationsorgan *Synesis*. Verfasser und selbstständiger Herausgeber der Sachbücher *Warum die Dinosaurier starben*, ISBN 3-8311-4213-0 (2004) und *Mars und Erde, Katastrophenplaneten*, ISBN 3-8334-4053-8 (ISBN-13: 987-3-8334-4053-3), revidierte Auflagen ab Frühjahr 2009 auf den jährlichen Leipziger und Frankfurter Internationalen Buchmessen (Börsenverein des Deutschen Buchhandels) einsehbar.

www.peter-bruechmann.de